U0722469

我们一起解决问题

外贸行业人才技能提升丛书

海外参展与营销
从入门到精通

许丽洁　主编

人民邮电出版社

北　京

图书在版编目（CIP）数据

海外参展与营销从入门到精通 / 许丽洁主编. -- 北京：人民邮电出版社，2020.11
（外贸行业人才技能提升丛书）
ISBN 978-7-115-54799-6

Ⅰ．①海… Ⅱ．①许… Ⅲ．①国际贸易－展览会－管理 Ⅳ．①F743.3

中国版本图书馆CIP数据核字(2020)第167811号

内 容 提 要

对外贸企业来说，通过参加海外展会来拓展新市场，是一种非常高效的营销方式。参加海外展会不仅能接触意向客户，还能了解同行信息，及时把握行业发展趋势，树立企业的国际形象，增加学习机会。不少参展企业由于缺乏经验，在海外参展与营销过程中花费巨大却收效甚微，不能实现预期的参展目标，本书就是为帮助参展企业解决此问题而编写的。

本书由商务部海外营销专家、具有20多年外贸行业从业经验的资深顾问许丽洁老师主编。本书从海外参展基本知识准备、海外参展知识产权保护、开展海外参展策划、海外参展备展工作、海外参展展位管理、参展人员配备与管理、海外参展现场营销、展后管理和海外参展的展品运输这九个方面入手，针对海外参展与营销过程中涉及的关键知识点，按照从入门到精通的递进规律进行了详细的阐述与解析。本书内容扎实，使用了大量的流程、图表、案例、提示，读者可以拿来即用，是外贸从业人员的岗位必备工作指南。

本书适合外贸从业人员、外贸行业创业者、希望加入外贸行业的就业者，国际贸易、国际经济以及涉外专业方向的高校师生，各省、自治区、直辖市跨境电商综合试验区管委会及平台型企业的相关人员阅读和使用。

◆ 主　　编　许丽洁
　责任编辑　贾淑艳
　责任印制　彭志环

◆ 人民邮电出版社出版发行　　北京市丰台区成寿寺路 11 号
　邮编　100164　电子邮件　315@ptpress.com.cn
　网址　https://www.ptpress.com.cn
　北京七彩京通数码快印有限公司印刷

◆ 开本：800×1000　1/16
　印张：17　　　　　　　　　2020 年 11 月第 1 版
　字数：300 千字　　　　　　2025 年 7 月北京第 12 次印刷

定　价：75.00 元

读者服务热线：(010) 81055656　印装质量热线：(010) 81055316
反盗版热线：(010) 81055315

我国政府非常重视外贸的稳定发展。保障外贸产业链、供应链畅通运转，稳定国际市场份额，是我国发展对外贸易的当务之急。"把发展潜力和动能充分释放出来，需要深化对外开放和国际合作，稳住外贸外资基本盘。要保障外贸产业链、供应链畅通运转，稳定国际市场份额。要用足用好出口退税、出口信用保险等合规的外贸政策工具，保障外贸产业链、供应链畅通运转。"这是时代赋予外贸发展的新使命。

在我国改革开放的过程中，中小外贸企业在稳定经济、增加就业、发展对外贸易、加强技术创新、促进地方经济发展方面发挥了重要的作用。随着 2019 年全球国际贸易经济环境的变化，我国的中小外贸企业也面临着不同于以往的严峻的国际竞争和发展压力。

中小外贸企业若要走出困境，一方面离不开国家与地方政府在政策上的方向性引导与实际帮扶，另一方面更需要自身加强造血功能，在企业发展中，持续优化与改进管理体系，打造企业核心竞争力，以实现企业长远、健康发展的目标。

虽然未来一段时间内我们所面临的外贸形势严峻复杂，但不会改变我国外贸长期向好的趋势，我国中小外贸企业的创新意识和市场拓展能力都很强，我国在全球产业链、供应链中的地位将不会改变。

许丽洁老师主编的这套"外贸行业人才技能提升丛书"是顺应时代需求之作，是外贸从业人员的岗位工作指南，能够帮助外贸行业从业人员夯实基础知识、提升实操技能。这套丛书值得中小外贸企业、高校相关专业师生阅读和使用。

中国国际贸易学会会长
曾任中国驻英国大使馆公使衔商务参赞
商务部美洲大洋洲司前副司长

丛书序

2019 年 11 月 28 日，中共中央、国务院发布的《关于推进贸易高质量发展的指导意见》（以下简称《意见》）中提出要加强服务贸易国际合作，打造"中国服务"国家品牌。《意见》要求构建开放、协同、高效的共性技术研发平台，强化制造业创新对贸易的支撑作用；发挥市场机制作用，促进贸易与产业互动，推进产业国际化进程。

为了进一步提高贸易便利化水平，简化报检手续、便利企业通关，我国检验检疫部门已经启用全国检验检疫无纸化系统。经审核通过的无纸化报检企业按照不同的无纸化方式进行申报，对于贸易单证（合同、发票、提单、装箱单等），企业原则上采取自存方式；涉及贸易单证外的其他随附单证应上传至系统；检验检疫机构在受理报检、签证放行、检验检疫及监管过程中需要核验纸质随附单证的，企业应提交相关纸质单证。这极大地方便了外贸企业和外贸业务人员开展各项外贸业务，从而提升了行业效能。

然而，有些刚刚入行的外贸业务人员对该行业的了解不深，不知道应该如何开展外贸工作。为了继续优化与提升我国国际贸易竞争力，必须提升从业人员的业务能力。

基于此，我们组织编写了"外贸行业人才技能提升丛书"，其中包括《外贸业务全过程从入门到精通》《外贸跟单业务从入门到精通》《国际物流与货运代理从入门到精通》《报检与报关业务从入门到精通》《海外参展与营销从入门到精通》五本外贸人员需要的实操手册。

本套丛书的特点是内容全面、深入浅出、易于理解，尤其注重实际操作，对所涉业务的操作要求、步骤、方法、注意事项做了详细的介绍，并提供了大量在实际工作中已被证明行之有效的范本，读者可以将其复制下来，略作修改，为己所用，以节省时间和精力。

由于编者水平有限，书中难免会有疏漏之处，敬请读者批评指正。

第一章　海外参展基本知识准备

　　开发国际市场的方式很多，在现代国际贸易交流中，"展览"是众多商界人士公认的较为有效的方式之一。在展会中，来自各方面的卖家、买家、业内专家等相聚一堂。参展商不仅做成了生意，还调查了市场，得到了新的启发，获得了新的信息，了解了所经营的产品的未来发展趋势及所面临的竞争与风险，同时也客观地检验了参展的产品在市场上是否具有竞争力。

第二章　海外参展知识产权保护

　　近年来，国际展会逐渐成为我国企业树立形象、推广品牌、展示实力的窗口。但是，由于缺乏对参展国知识产权规则的了解，13%的企业在境外参展过程中曾遇到过知识产权纠纷。这些事件的发生，严重损害了企业的国际形象，为企业出口产品带来了极为不利的影响。而且一旦发生纠纷，更容易出现双重损害：首先，对于知识产权所有人来说，自己的知识产权会面临风险；其次，对于涉嫌侵权者来说，可能会面临在不能进行适当抗辩时被干预的风险。双方最终所承受的损害就是"失掉一次商业机会"。

第三章　开展海外参展策划

任何一项活动要开展成功，必须有成功的策划。国际上的展会繁多，企业究竟要不要去参展，要参加哪些展会，一年要参加多少次，参展后如何有序开展各项工作，这些都要事先进行充分的策划，并要形成书面的计划与方案。

第四章　海外参展备展工作

　　企业一旦决定参加某个国际展览，就要开始积极筹备，备展工作应首先考虑参展的营销、宣传等主要目的，备展安排要全面周到。备展工作繁杂，遗漏、疏忽某一事项、某一环节都可能会影响参展效果，因此有必要对备展工作进行全面、深入、细致的讨论，将所有工作和事项分门别类地列明，根据轻重缓急安排备展工作。

第五章　海外参展展位管理

　　参展企业在进行展位管理时，要从能否提升企业知名度、是否增加销售、是否能维持老客户、能否开发新客户、能否掌握最前沿的市场信息的角度评估展位设计的有效性。确立展位的标准、选择展位的位置及有效设计和布展是参展企业必须要考虑的三个问题。

第六章　参展人员配备与管理

调查显示：85%的展会参观者的第一印象来自展位的员工，而且当他们最后决定是否与该企业合作时，员工的因素也能占到80%。由此可见，展会成功与否极大程度上取决于参展企业的参展人员。因此，挑选参加展会的员工是中小企业展览计划中至关重要的一个环节。企业不仅需要配备足够的人员，更重要的是选择真正适合的人员来做如此重要的事。

第七章 海外参展现场营销

企业参展的一个重要目的，就是通过展会与客户进行面对面的交流，进行有效的销售与推广。尤其是专业展会，前来参展的客户不仅有技术人员、采购人员，还有负责收集市场信息的情报人员。由于不同客户的关注重点不同，因此针对不同客户的咨询选择适合的人员与其沟通，将能更好地解决客户提出的问题，提升其满意度。

第八章　展后管理

在展会上，买家结识的供应商会非常多，不可能全部都记住，所以参展企业在展会后的跟踪工作非常重要。另外，参加展会的效果如何，以后是否还需要继续参加该展会，参展企业对此也应加以评估。

第九章　海外参展的展品运输

　　海外参展展品运输是将展出所用的展品、道具、资料、行政用品、工具等用陆运、空运、海运或综合方式将货物从原所在地运到展出地，并运回或运到下一个展出地点以及办理有关手续的工作。

　　海外参展展品运输环节多、时效性强、费用开支大并涉及展品报关、报检和海关监管工作，运输组织不当，可能出现展品未运到、途中损坏、丢失或者海关不予放行等情况，可能导致货损、货差或者无法如期布展参展等严重后果，因此必须做到"安全、便捷、经济、准时"。

第 一 章

海外参展基本知识准备

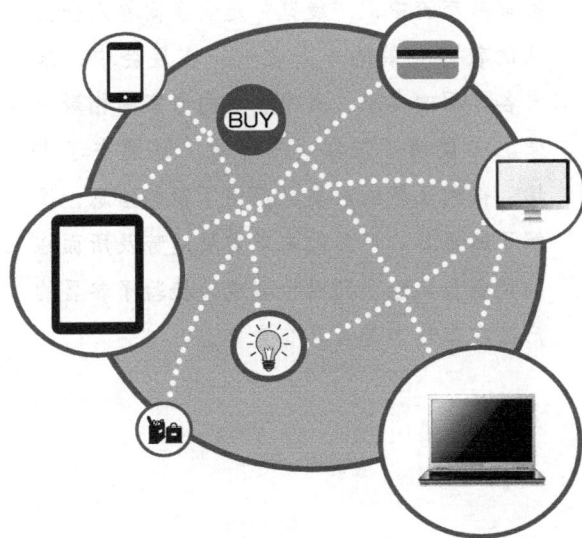

开发国际市场的方式很多，在现代国际贸易交流中，"展览"是众多商界人士公认的较为有效的方式之一。在展会中，来自各方面的卖家、买家、业内专家等相聚一堂。参展商不仅做成了生意，还调查了市场，得到了新的启发，获得了新的信息，了解了所经营的产品的未来发展趋势及所面临的竞争与风险，同时也客观地检验了参展的产品在市场上是否具有竞争力。

第一节　企业海外参展的作用

展会是为了展示产品和技术、拓展渠道、促进销售、传播品牌而进行的一种宣传活动。与传统纸媒的覆盖性和网络媒体的迅捷性相比，展会有其自身的优势。根据展会和市场营销的内涵，并综合诸多会展专家的观点，我们认为展会营销是指会展企业为了吸引更多的目标客户，提高会展品牌的价值和影响力，通过会展服务、形象设计、定价、渠道、促销、宣传等手段开展的一系列市场推广活动。简言之，展会营销就是会展机构向目标客户提供会展产品或服务的一种社会活动和管理过程。

一、结识行业中的专业人士

企业要想大量接触潜在客户，参加专业展会是最有效的方式之一。根据调查，利用展会接触客户的平均成本仅为其他方式的 40%。

研究显示，以一家参展商摊位上的平均访问量为基数，只有 12% 的人在展前 12 个月内接到该参展商销售人员的电话，88% 为新的潜在客户，而且展会还会为参展商带来高层次的新客户。对于参展商的产品和服务来说，展会上 49% 的访问者正计划购买其产品和服务。

在三天的时间里，参展商接触的潜在客户比其 6 个月甚至 1 年里能接触的客户数量还要多；更重要的是，面对面地与潜在客户交流是快速建立稳定的客户关系的重要手段。

二、展示新产品，吸引客户

企业销售人员携带产品上门进行演示的机会并不多，展会是参展商为潜在客户集中演示产品或感受服务的最好时机和最佳场所。

参展企业在展会现场向用户展示企业的新产品和服务，获取客户对新产品的即时反馈。在产品上市前获得来自目标用户的第一手消息，可以及时修正产品的不足，满足用户需求，同时也避免了因没有及时调研导致用户流失而带来的损失。

三、创建融洽的客户关系

客户关系是许多企业的运营重点，展会是企业拉近与客户关系的好地方。一家企业在某个国家或地区的客户可能很多，而且也会比较分散，单独拜访费用高，效率低。通过展会，企业可以将所有的经销商或客户集中起来，逐一洽谈，这就提高了沟通效率。

参展企业还可以用其他方式来创建融洽的客户关系，如热情地招待客户、发放企业最新的产品资料、发放公司赠品、举行一对一的晚餐、提供其他特殊的服务等。

四、促进产品的销售

在展会上，参展企业可以在短时间内与目标顾客直接进行沟通，可将产品的信息发送给特定的客户，获得来自顾客的即时反应，收集客户对产品的意见，以便及时改进。

除此之外，调查显示，参展企业在展会上接触到的意向客户，只需要平均打 1.8 通电话就可以达成交易；相比之下，平时却需要打 7.8 通电话才能完成类似的交易。同时，客户因参观展会而向参展企业下的所有订单中，54% 的单子不再需要业务人员跟进拜访。

五、通过展会树立企业形象

一场具有影响力的展会，意味着在同一时间、同一地点，整个行业的各路专业人士齐聚于此。这将是一家企业树立企业形象的重要机会。

六、掌握市场最初、最全的动态信息

展会为参展企业提供了一个进行市场调查的极好机会。如果参展企业正在考虑推出一款新产品或一种新服务，可以在展会上向参观者进行展示，了解他们对价格、功能、质量和服务上的要求。

参展企业通过与其他供应商或同行进行比较，获取最新的市场动态信息，可以提高企业的市场发展趋势洞察力，及时地改进产品和企业发展方向。很多企业每年都会花费重金以参展商或观众的身份去参加国内和国外展会，但参展并不是旅游，企业需要带着明确的目的参加展会，只有这样才能达到预期的效果。

第二节 参加海外展会的途径

企业怎样才能参加海外展会？企业可以联系当地贸促会、行业协会、具有专业资质的组织机构，也可向国外客户咨询，获得展会的名称、地点、联系方式等。目前，我国外贸参展企业主要是进出口公司、贸易公司、工贸结合公司、大型集团公司、外贸出口企业等。

一、通过组展单位参展

在我国，一般企业要参加海外展会，必须经由国家批准的有出展权的主办单位来组织。这样的主办单位在全国有200多家，如贸促会系统（地方分会与行业协会），各地经贸委，大型外贸、工贸总公司，大型商会等。企业可以根据组展单位的全年组展计划，了解可参加哪些国际展会，然后通过这些组展单位申请展位、缴纳参展费用参加展会。

组展单位的展会服务项目有如下几种。

（一）展览咨询

经验丰富的组展单位根据其办展组团经验，以及与国内相关办事机构、国内外合作伙伴的长期的合作，为企业提供国际贸易展会的最新资讯。同时，其还会根据参展企业产品的经营特点及要求，推荐最适合企业参展的国际贸易展览会，以帮助参展企业结识新的贸易客商，开拓国际市场。

（二）展位服务

（1）向国外申请展位并按外方要求提前支付展位费及其他相关费用。

（2）对外方确认的展位进行分配和协调，如根据参展单位交费先后顺序确认摊位位置，并通知其他有关参展事宜。依据组委会分配摊位的规格对企业申请的面积做相应调整。

（3）按照外方对展馆的技术要求安排展位的基本搭建（一般每个 3m×3m 的展位包括地毯、背板墙、射灯两只、谈判桌一张、椅子三把、电源插座和废纸篓、楣板文字）。

（4）根据参展商个性化要求配置层板、挂钩。

（5）摊位设计与搭建，包括各种国际大型展会的摊位装修与搭建及相应的组织工作。从展会开始前的装修设计、展示效果规划评估到展会期间的展场整体布置与摊位搭建装修，提供全套的优质服务。

（6）展览布、撤展及展览期间的垃圾处理工作。

（7）为参展商提供照明、动力用电的申请服务。

（8）为参展商提供展览期间网线、电话、展具、工人等的租赁服务。

（三）企业项目资金申请

有资质的组展单位会遵循国家关于企业开拓国际市场补贴资金的政策法规要求，为参加其组团的境外专业贸易性展会的企业提供团体申请补贴资金的服务，以促进企业健康持续发展，降低企业经营风险。

（四）人员服务

（1）提供展会参展人员的邀请函申请服务。

（2）协助参展人员办理签证：组展单位负责协助参展人员办理展会期间在国外逗留所需的签证；提供邀请函，准备齐全完备的签证材料及预约面谈，通过与展会当局及各国驻华使馆及领事馆的多方面联系，全程跟踪观察每位展商的签证状况，协助参展人员顺利获得签证。

（3）提前办理展会停车证、参展证，提供展会期间的翻译服务。

（4）负责参展及参观人员的旅行和特殊行程安排。

（5）机票预订：信誉良好的组展单位同世界各大航空公司保持着密切的合作关系，可以结合航班、舱位的具体情况为参展企业量身定制一套最佳的航线计划。

（6）酒店住房预订：信誉良好的组展单位通常会与权威旅游机构合作，为参展企业在境外参展预订舒适的商务型酒店，为参展企业度假和商务旅行提供便捷周到的服务。

（五）运输服务

（1）对展品提供国内集中通知、集货服务，同时还提供展品商检、报关、展品衡量单及其他单证制作，以及展品从集货地至展场展位的门到门全程服务。

（2）提供空箱的回运、展品的回运及现场铲车、吊车租用服务。

（六）境外保险

组展单位可帮助参展人员办理境外保险，以提供全面保障，使其安心出行。

（七）展馆内服务

在展会期间，组展单位应为各参展企业做好后勤工作，为参展企业解决后顾之忧，以便参展企业可以顺利地进行贸易谈判等商务活动。

（八）展会多媒体宣传

展览期间，组展单位会与展会主办方大力合作，将参展企业的相关信息及宣传材料通过多媒体、会刊等多种形式展示出来，以提高参展企业的国际知名度，为企业参展及开拓国际市场进行良好的宣传。

（九）展后境外商务考察

为了能让参展企业更好、更准确地了解同类产品在国外市场的最新动态及流行趋势，组展单位在展会结束后一般会安排相关商务考察路线，以便参展企业对参展国及周边国家的同类产品形成更清楚、更全面的认识和了解。

（十）境外专业翻译联系

对于和外商交流有困难的参展企业，组展单位可以帮助联系当地专业的翻译人员，以便参展企业可以顺利地进行贸易谈判等商务活动。

> 企业也可以通过国外的一些会展协会了解展会信息，如德国商务会展协会、加拿大展会管理协会、美国消费品展览协会、国际商务会展协会、世界贸易中心协会等。

二、海外参展的方式

（一）合作参展

企业可以考虑和其他关联的贸易公司、工厂合作，一起申请参展，如共同出资、部分出资、合租展位，以及工厂出展品、外贸公司负责展销等。

（二）联合参展

对新参展的企业而言，与另一家企业联合参展是低成本、高收益的参展方式。特别是在海外展会上，两个或两个以上的企业共同租用一个展台参展或联合参加政府展台，都是进入新的海外市场的有价值的选择。

（三）组团参展

组团参展是指由贸促会、行业协会、企业组成一个展团参展，或者由国家、地区、省（市、区）组成一个展团参展。组团参展通常会开设专馆，以展示品牌，壮大声势，扩大影响。这是我国企业出国参展的主要途径之一。

（四）委托参展

企业可委托所在国家或地区的代理商、分销商、合作伙伴代表自己参加当地的国际展，接触客户，了解行业发展趋势。利用这类模式参展可以为企业节省开拓市场的成本，但前提是必须与相关的代理商有明确的代理和参展合同约束。

第三节　海外参展流程及时间计划表

参加海外展会是企业营销计划的一环，由于展会的准备期很长，企业在决定参加某一展会之后，最好成立工作小组或指定专人负责规划。工作小组除负责与主办单位联络外，同时也负责推动部分参展工作、控制进度及各单位之间的协调配合。

下面我们将分别介绍企业海外参展流程中的重要事项及可能遇到的突发状况与应对之道。

一、展前准备

（一）摊位洽订

参展企业通常在展前 9 ～ 10 个月就必须向主办单位进行摊位洽订。有些两年或三年一届的展会，甚至会在展前一年多就开始接受报名。企业若有意参展，必须尽快与主办单位联系，尽早报名以争取较佳位置。

一般来说，主办单位会主动向上届参展企业寄送报名通知，但为了确保可以收到最新的参展信息，企业应主动与主办单位联系并随时注意展会官方网站。另外，许多著名的展会目前在国内均有代理商或分公司，企业应随时与代理商或分公司联系，以确保获知展会最新消息。

主办单位通常会准备简单的报名表供参展企业填写并申请摊位，其内容通常是企业基本数据、摊位租金以及所需的摊位尺寸等，有的主办单位会要求连同订金一起寄回。填妥报名表是参展报名的第一步，与主办单位的互动也由此开始。

主办单位在收到所有报名参展企业的申请表后，会进行摊位分配，分配完成后，会将结果通知参展企业，并请报名参展企业确认。参展企业如对分配到的摊位不满意可向主办单位争取更换，但越热门的展会，在主办单位分配摊位后，越不易更换摊位。

摊位确认后，主办单位会向参展企业寄送摊位合约书或发票要求支付订金或头期款。要注意的是，在报名表的背面往往有许多主办单位规定的条款，企业在填写报名表时应详细阅读。通常，条款中会列明取消摊位的退款比例与期限，参展企业需多加注意。

（二）参展商手册

在展前三个月左右，主办单位会向参展企业寄送"参展商手册"（Service Manual 或 Exhibitors' Manual）。但因目前提倡无纸化作业，多数"参展商手册"的获得采用在线下载方式，主办单位已不再寄送纸本。这本手册极为重要，因为手册内会详载展会所有规范，也详列参展企业与主办单位双方的权利和义务，企业一定要仔细研读。

参展商手册的内容大致可分为展会基本数据、展出规定以及各式服务的申请表格三大部分。参展企业可依照个性化需求来找寻所需要的表格或数据。

（三）展品及宣传品准备

参展用的展品及宣传品务必提前准备，且必须与参展进度相配合，一定要注意装船日。展品的包装可以比照一般出口的规定办理，唯一不同的是要方便展后再包装。

展场常见的宣传品包括产品目录、工作人员名片、直接邮寄广告、手提袋、视频、音频资料等。对于这些资料，参展企业不应任由参观者自由取阅，应分送给自认为满意的客户。单页的简单目录可以让参观买主自行取阅，较详细的目录则应赠予深具潜力的或有具体意向的买主。

（四）展品运输

参展企业应注意展品的准备时间必须与展品运输船期相配合。亚洲展至少于展前一个月装船起运，欧洲展、美洲展则至少在展前 45 天甚至更长时间，具体视情况而定。宁可让展品早几天运到，多付几天仓租，也不要因为外在因素（如罢工、台风等），造成展品延误抵达。

如果展品要随身携带，则参展企业最好准备相关文件（如专利证明、原产地证明等），以应对通关时可能发生的各种情况。展品运送是参加展会最重要的一环，务必排除任何足以影响展品运送的情况，以保证其如期展出。

（五）摊位装修规划

在收到主办单位确认的摊位平面图后，企业应该立即进行摊位装修规划。但在规划之前，首先要确认装修预算。摊位装修预算是决定装修好坏的重要因素之一。我国企业前往国外参展，经济实惠的摊位布置方式当属自带装修材料，请当地装修公司施工。

装修规划的第一步就是平面设计，参展企业要依据服务台接待区、产品展示区、形象区、交易洽谈区以及储藏室等功能，进行摊位的规划。规划摊位时应就参展的目的进行区域分配。如果参展的目的是展示产品，则产品展示区与交易洽谈区的比例要较大，反之如果参展的目的是塑造形象与进行宣传，形象区的比例要大一些。目前我国参展企业参加国外展会的主要目的多为产品的展示、营销，因此产品展示区及交易洽谈区应为摊位装修重点。

规划摊位除了上述原则外，还应注意摊位中是否有梁柱，如果有的话其大小、尺寸及所在位置均须明确。有些主办单位会规定面临走道的摊位须空出一段距离，此时摊位的装修就必须向内缩一段距离。参展企业务必在摊位装修规划前详读参展手册的相关规定事项，以避免触犯规定而面临困扰。

（六）行程安排

行程安排是指从出发到返回相关事宜的安排，具体包括签证办理、机票（往返）预订、酒店预订、机场—酒店及酒店—展馆的行程方式、参展期间的餐饮问题以及上述事宜的费用支付问题。

行程安排有两种途径：第一，公司自己办理；第二，通过代理商办理。选择第一种方式，对参展企业来说可能工作量会比较大，且需要足够的细心和耐心，但总办理费用透明度高；选择第二种方式，代理商可以代为办理上述提到的所有事宜，但费用较第一种方式可能会略高一些。

参展企业要特别注意，行程及住宿安排最好尽早处理。因为一些国际大展，在展览期间酒店价格会上涨且供不应求，如果已确定参展人员，建议最好提早预订机票及酒店。

（七）买家手册

买家手册是指方便参观买家查阅所有参展企业数据的手册，内容包括所有参展企业的基本数据和摊位位置。因此，此项数据的登录非常重要。一般来说，主办单位为参展企业提供免费的基本数据的登录，但还是有些主办单位连最基本的名址登录也要向参展企业收费。

有些买家手册除了介绍参展企业基本数据之外，还提供产品检索、商标检索登录、广告刊登以及新产品介绍的服务，但是均会收费。

二、展中事务

（一）展品进场与摊位布置

参展工作人员抵达展地后，必须立即办理两件事情：一是确定展品是否运抵当地，二是确定摊位装修进度。工作人员虽然早在出国前就与运输公司确认过，但为保安全，仍须以电话联络运输公司，查询展品是否已抵达、是否有损坏、数量有无短少。经确认无误后，再与运输公司确认展品运达摊位的时间，以便安排人员开箱。

和运输公司联络之后，应立即接洽装修公司，询问摊位装修进度，并告知展品进场日期，要求掌握施工进度以便配合；最后再前往展场查看施工情形，了解展场环境及各项服务设施，以备不时之需。

摊位装修工作应于主办单位规定的进场时间内完成，最好能提前预留一天的时间供陈列展品、张贴海报图片等内部布置之用。

摊位布置的原则是在开展前越晚陈列展品越安全。因为展前搬进搬出者众，展品越早曝光，被窃的概率就越大。再者，展前根本没有买家参观，所以提前展出的意义不大，展前只需短暂的模拟摆设即可。

（二）洽领租用器材

参展人员应前往展场办公室或服务台洽领向主办单位租用的器材（照明器材、桌、椅、展示柜等）。应尽可能等到需要时再去申领，避免增加保管的困扰。

三、展后处理

（一）展品处理

展会结束后，货运公司会把空箱运至参展企业的摊位，参展企业可以自行包装。如果是机械之类的展品，参展企业需请工人利用堆高机或吊车等进行重新包装，这需要参展企业提前与货运公司联系安排。

参展企业在展会结束前就要确认展品在展后的去向，一般来说只有两种处理方式，一种是留置当地，另一种是复运出口。如果要留置当地，通常就是要出售、赠予、销毁或抛弃，要请承揽展品运输的货运公司协助处理；如果要复运出口，也要与货运公司确认目的地及收货人名址。

展会结束后一般会十分混乱，所有的人都向外搬运展品，很容易失窃。因此，参展人员在未将展品交予运输公司之前绝对不可离开，点交之时应请对方签收、立据确认，以免口说无凭。

（二）租用器材归还

参展企业向主办单位租用的器材如不再使用应尽早归还以免遗失，并取回押金或单据。所有的租用器材均须于展会结束后的当晚送还，不可过夜，以免遗失。装修公司通常也会于展会结束当晚将所有家具、灯具拆走，以免相关设备遗失。

四、参展过程中的常见问题与应对

（一）展品未到

展品未到问题多半是由于通关及运输的延误等造成的。通关延误可能是因为海关对展品的数量或价格有疑问，或者是存在违禁品。为了避免通关延误，参展企业务必如实申报展品的数量及价格，同时应避免夹带违禁品，以免因小失大。对大多数参展企业而言，展品的税额占参展的总经费的比例很小，没有必要为了规避很少的税额而冒不能通关的风险。对于运输方面的延误，多半是太晚装运、通关时间不足、港口工人罢工等原因，参展企业事前务必多加注意。

> 有时为了节省成本，参展企业会在展品中夹杂食品以便展览期间享用，虽然大多数食品均可以正常途径进口，但是所需通关时间较长。为了避免通关延误，建议参展企业不要在参展展品中夹杂食品类物品。

出发前，参展企业务必与运输公司联系确认展品状况，若确知展品已无法准时到达，应寻找替代品，设法就近向当地客户紧急借调应急。如果展品体积小、重量轻，也可以请参展人员随身携带进场。

（二）装修未完工

装修工程未能按时完工的原因大概是装修承包商选择不当或是参展企业太晚洽询承包商，使其准备不及。装修工程能不能如期完工，事前是有征兆的。当展期日益接近，而装修工程仍然没有起色时，就应采取适当的对策。

参展企业首先应催请承包商努力赶工，要求承包商征调其他摊位的人力前往施工。参展企业也要设法联络其他装修公司，以备不时之需。如果装修公司实在无力完工，应就重要部分先行施工，将对展出的影响减至最小。

（三）被控仿冒

参展被控仿冒，很多时候是因外贸企业拿工厂的样品参展而未加注意，直到被控告才知道。虽然非刻意仿冒，但不管是什么理由，如果被外商指控仿冒，参展企业就必须积极面对，不可不加理会。外商的指控大概可分为临时起意和有备而来两类，对它们的处理对策如表 1-1 所示。

表 1-1　被控仿冒的处理对策

序号	类型	处理对策
1	临时起意者	临时起意多半是外商来参观展览时发觉自己的产品被仿冒而找展出者理论。如果参展企业确实存在仿冒问题，则应放低姿态，撤掉展品，并向对方道歉

序号	类型	处理对策
2	有备而来者	有备而来者，通常事先已知道仿冒者参展，准备在会场对质。有时甚至可能是原告、警察、律师一起到摊位来理论，此时不要被对方的举动吓到，首先应寻找律师维护权益。可以通过我国当地驻外使馆的协助寻找律师。如果没有我方律师在场，应拒绝与对方谈判

（四）被其他参展企业仿冒

参展企业如发现被其他参展企业仿冒，首要之事是收集证据，最好收集如目录及照片等证物，且事先准备专利证明，必要时，可与律师、警察一同到仿冒者摊位解决问题。但需注意的是，如果控告不实，可能要负赔偿责任。

（五）展品失窃

展品失窃是展会中经常会遇到的状况，一般而言，展场属开放空间，参展企业对自己展出的产品负保管之责，主办单位对展品失窃不会负责。

展品最容易失窃的时间是进出场，为了防止遭窃，参展企业应在每日闭展后将展品存放于储藏室，每日开展时再陈列。参展企业的重要样品甚至应在摊位布置日及每日展览结束后带回酒店，以免遗失。许多展场在夜间并不管制门禁，甚至管制门禁的展场也常常发生展品失窃的事件。聘请警卫是防止展品失窃的方法之一，但就算聘请警卫，展品还是有失窃的可能。参展企业应随时注意展品的状况，以避免发生任何展品遭窃的情形。

五、参加国际性展会的时间计划表

对于参展企业来说，要参加国际性展会必须做好准备工作，企业的展前准备工作必须配合主办单位的进度进行。依照展会举办频率的不同，最早可能要在展前一年多就开始准备，至少也必须于展前半年推动。表1-2是业内人士总结的参加国际性展会的时间计划表，仅供参考。

表1-2 参加国际性展会的时间计划表

序号	时间段	具体事项
1	12个月前	（1）从展会的规模、时间、地点、专业程度、目标市场等各方面，综合专家意见，制定全年参展计划 （2）与展会主办单位或代理公司进行联系取得初步资料 （3）选定场地 （4）了解付款形式，考虑汇率波动，决定财务计划
2	9个月前	（1）设计展览结构 （2）取得展览管理公司的设计批准 （3）选择并准备参展产品 （4）与国外潜在客户及目前的顾客取得联系 （5）制作展览宣传册
3	6个月前	（1）以广告或邮件等进行推广活动 （2）确定展览计划 （3）支付展览场地及其他服务所需的预付款 （4）复查企业的参展说明书、传单、新闻稿等，并准备必要的翻译材料 （5）安排展览期间的翻译员 （6）向服务承包商及展览组织单位定购广告促销
4	3个月前	（1）继续追踪产品推广活动 （2）最后确定代表本企业产品品质及特色的参展样品，贴上公司标签，赠送给索取样品的客商 （3）对展位结构设计做最后的确定 （4）计划访客回应处理程序 （5）训练参展员工 （6）排定展览期间的约谈 （7）安排展览现场或场外的招待会 （8）购买外汇
5	4天前	（1）将运货文件、展览说明书及传单等额外影印本放入公事包 （2）搭乘飞机至目的地
6	3天前	（1）抵达，酒店登记 （2）视察展览厅及场地 （3）咨询运输商，确定所有运送物品的抵达情况 （4）指示运输承包商将物品运送至会场

（续表）

序号	时间段	具体事项
6	3 天前	（5）联络所有现场服务承包商，确定一般准备就绪 （6）与展会组织代表联络，告知通信方法 （7）访问当地顾客
7	2 天前	（1）确定所有物品运送完成 （2）查看所订设备及所有用品的可得性及功能 （3）布置展位 （4）确定所有活动项目
8	1 天前	（1）对摊位架构、设备及用品做最后的检查 （2）将促销用品发送直接分配中心 （3）与企业参展员工、翻译员等进行展览前的最后简报
9	展览期间	（1）尽早抵达会场 （2）于展览第一天即将新闻稿送到会场的记者通讯厅 （3）实地观察后尽早预约第二年的场地 （4）详细记录每一个到访客户的情况及要求 （5）对于没有把握的产品需求，不要当场允诺，及时向总部汇报后再做出合理的答复。一旦承接，必须按质按期完成，以赢得客户的信任 （6）每日与员工进行复盘 （7）每日将潜在商机及顾客资料送回公司以便及时处理与回应
10	展览结束	（1）监督摊位的拆除 （2）处理商机 （3）向提供帮助的合作者寄送感谢卡

第四节　国外展会补贴

国外展会补贴是中小企业国际市场开拓资金中的一部分，是国家为推行"走出去"战略计划而面向中小企业实施的一项优惠政策，旨在促使更多中小企业积极赴外参加展会，拓展国际市场。

一、国外展会补贴的用途

国外展会补贴主要是用于支持中小企业和为中小企业服务的企业、社会团体和事业单位组织中小企业开拓国际市场的活动，其主要支持举办或参加境外展会、国际市场宣传推介、开拓新兴市场以及境外投（议）标等方面。其中，对面向拉美、非洲、中东、东欧和东南亚等新兴国际市场的拓展活动，贯彻以质取胜和科技兴贸战略的机电和高科技产品以及取得质量管理体系认证、环境管理体系认证和产品认证等国际认证的中小企业予以优先支持。

二、国外展会补贴的金额限制

一般情况下，展会补贴比例原则上不超过支持项目所需要资金的 50%，但是对西部地区的中小企业以及优先支持的市场开拓活动，支持比例可适当提高至 70%。

三、国外展会补贴的申报条件

（1）具备企业法人资格以及拥有进出口经营权或对外经济合作经营资格，且上年度海关统计进出口额大于 50 万美元，小于 6.5 亿美元的企业。

（2）近两年在外经贸业务管理、财税管理、外汇管理以及海关管理等方面未出现违法行为的企业。

（3）具有开拓国际市场的专业人员，并且对开拓国际市场有明确的工作安排与计划的企业。

（4）未拖欠应缴还的财政性资金。

（5）在中小企业国际市场开拓资金申报网注册并公示。

四、国外展会补贴申报流程详解

（1）企业确定符合国外展会补贴申报条件后，登录商务部业务系统统一平台外贸发展专项资金（中小）网络管理应用系统完成注册，如图 1-1 所示。

图 1-1 在线注册页面

（2）新用户完成统一平台账号注册后，页面将跳转进入应用选取页，用户点击"中小企业开拓资金"应用下方的"业务申请"按钮进行应用添加，如图 1-2 所示。

图 1-2 应用添加页面

或者通过个人业务大厅首页左上角的"增加应用"，打开选择应用页面，选择"综合业务"

分类，申请添加"外贸发展专项资金（中小）网络管理应用"，如图1-3所示。

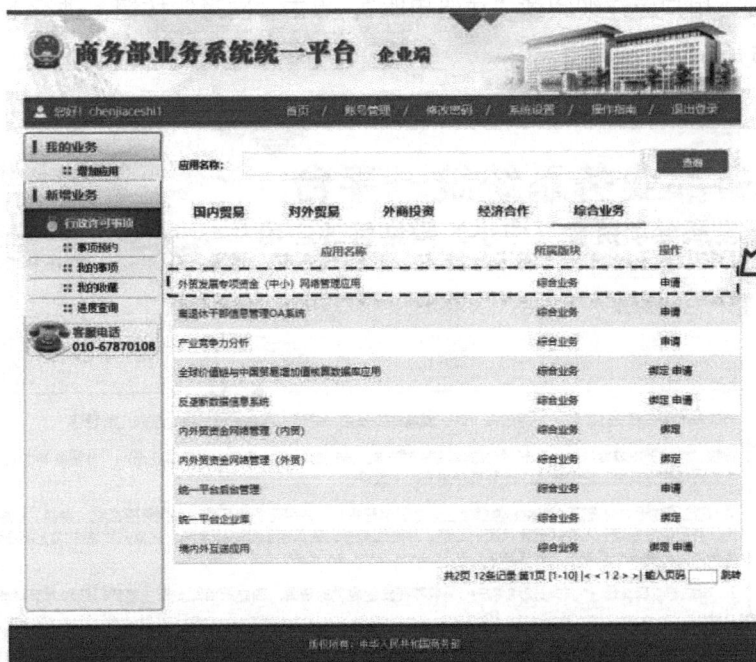

图1-3 "综合业务"页面

（3）新用户注册完成并申请添加中小企业开拓资金应用后，可通过个人业务大厅首页的应用名称后方的"进入应用"按钮，进入外贸发展专项资金（中小）网络管理应用，如图1-4所示。

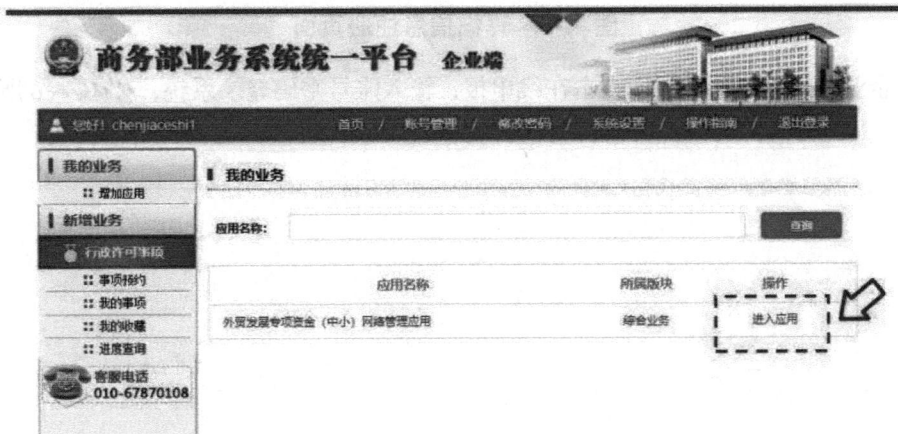

图1-4 个人业务大厅首页

（4）中小企业用户点击"进入应用"按钮后，页面将跳转至有关中小企业用户资质等详细信息注册页面，用户应详细阅读"注册申明"，点击"同意"按钮，进行下一步信息填报操作，如图1-5所示。

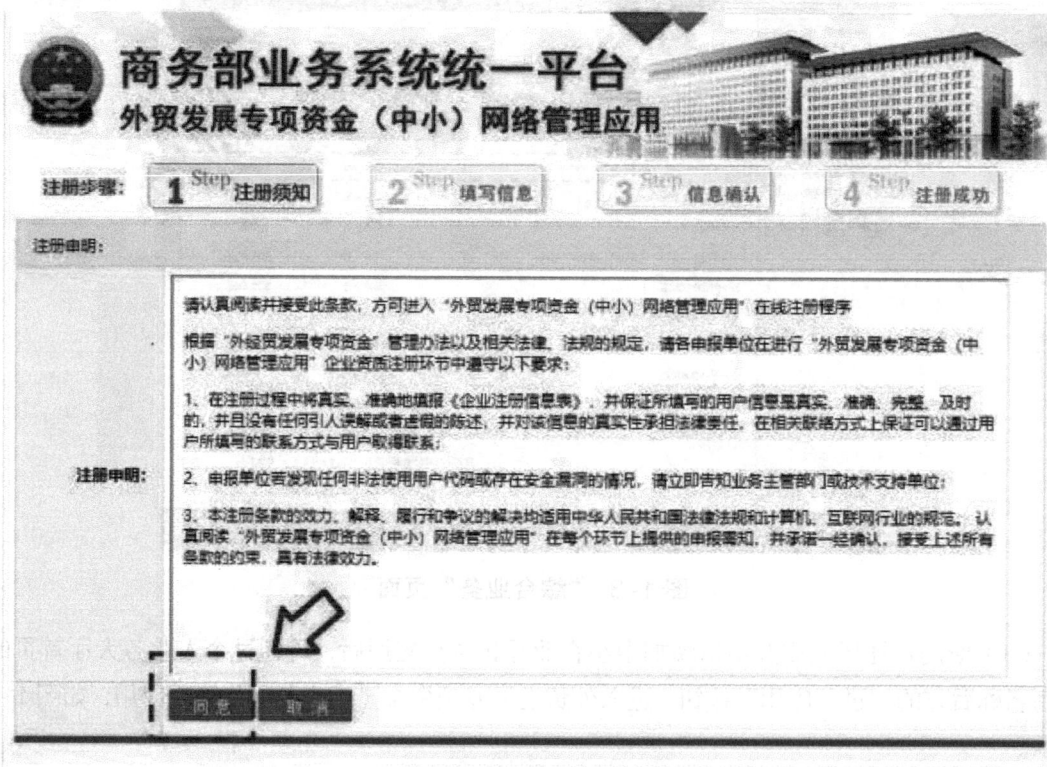

图1-5　详细信息注册页面

（5）企业资质审核通过后，点击在线申报，输入账号密码登录系统，如图1-6所示。

图1-6 在线申报步骤页面

（6）中小企业用户登录成功后即可进入个人业务大厅，选择外贸发展专项资金（中小）网络管理应用后方的"进入应用"按钮，进入业务申报操作页面，如图1-4所示。

（7）中小企业用户完成登录后，进入年度业务申报操作页面，选择资金填报年度（如"2019"），点击"确定"按钮，如图1-7所示。

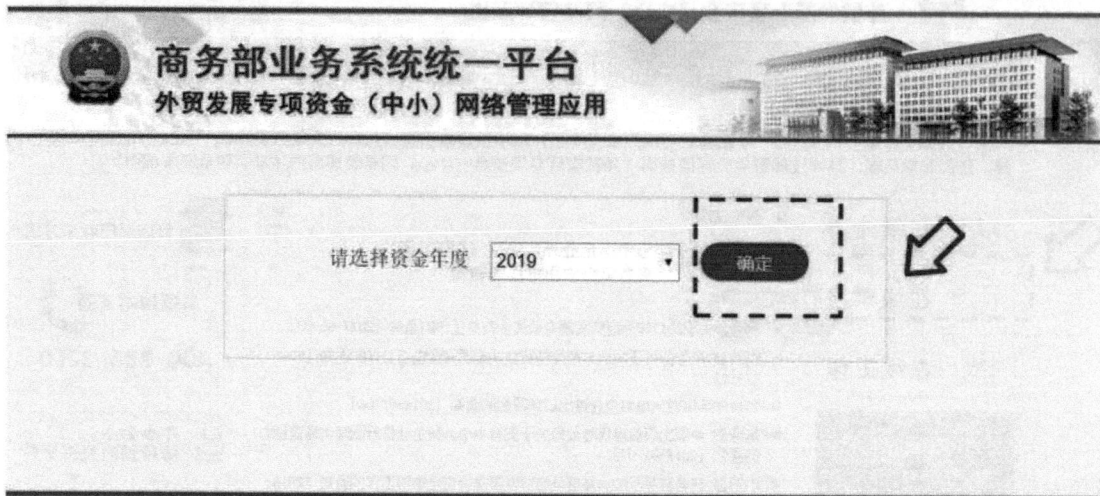

图1-7 选择资金年度页面

（8）点击"确定"后，页面将跳转至年度资金申报操作页面，用户可根据图1-8左侧的导航栏，进行业务申报工作。

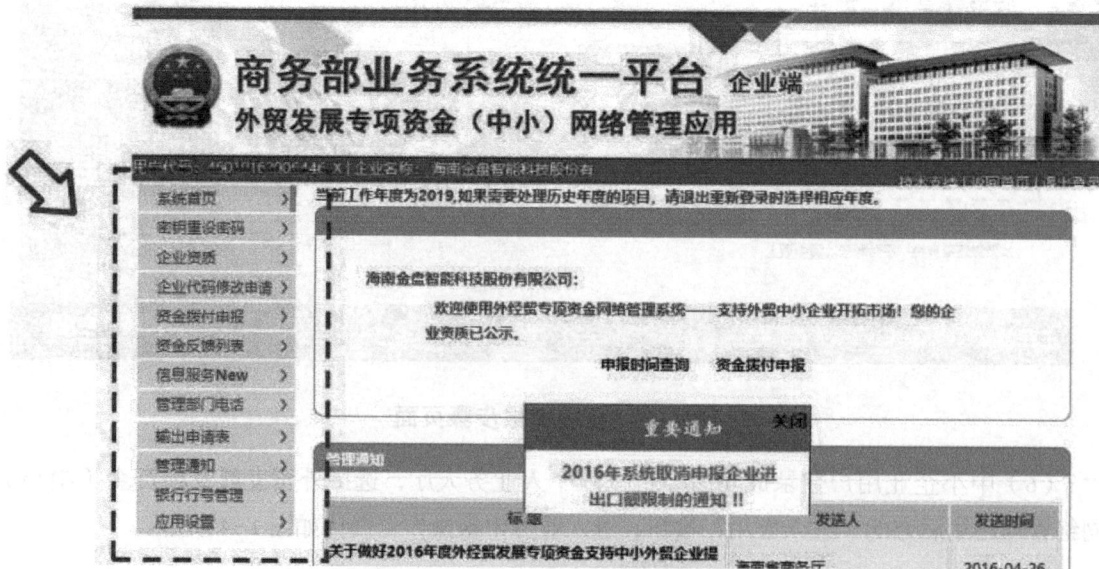

图1-8 年度资金申报操作页面

填写完相关申报信息后，致电商务局，告诉对方你已经在网上提交了资料，什么时间可以提交纸质资料。一般情况下，商务局在审核网站提交的资料后会告知申请人寄送相应的资料（以当地商务局的规定为准）。

（9）在所有的网上手续办理完后，申请人就可以拿着相关材料去当地商务局（外经贸局）办公室办理最后的申请，申请通过后，补贴将会拨付至申报系统填写的银行账户。

五、补贴申请准备材料

补贴申请准备材料（所有材料一式两份并加盖公章）如下：

（1）项目计划申请表和资金拨付申请表（这两个申请表都是在上述系统中直接打印的）；

（2）参展合同（展位确认书）及展方邀请函（翻译件）（这些都向展览公司或展会主办方索要）；

（3）随展览公司参展的企业，需提供贸促会批复文件复印件或展览公司与境外展方签订的合同及汇款申请书复印件（也向展览公司索要）；

（4）参展人员的机票复印件、机票付款凭证（或参展人员护照首页、签证页及出入境日期页复印件）及参展人员参展期间社会保险个人权益记录（单位职工缴费信息），境内全资母公司或全资子公司人员参展需提供工商或审计部门盖章的股权证明；

（5）发票、银行付款或付汇凭证（复印件）；

（6）参展展位的照片（包含展位号及企业标识）。

另外，申请大型展品回运费的项目需提供：

（1）与运输公司签订的运输合同；

（2）贸促会出具的货物暂时进出口 ATA 单证或海关进出口报关单据；

（3）进出境物品申报用装箱清单。

以外汇结算的费用，需提供境外汇款申请书复印件（购买外汇的提供外汇买卖水单）。

国外展会补贴到账时间：约为 1 年，一切以资金到账的情况为准。

第五节　国际线上展会

外贸推广已经进入了一个全新时代，一种结合了网络推广和海外展会的模式，即国际线上展会，已逐渐取代了诸多传统外贸推广模式。近年来，人工智能、物联网、互联网、云计算、大数据等技术的不断发展，为线上展会提供了技术支撑。线上展会采用先进云技术，通过直播会议系统的在线音视频直播＋即时互动答疑＋干货下载＋实时分享＋精彩回放等多种功能，以在线直播方式让参与人足不出户即可共享盛会。

一、线上展会的概念

线上展会也可称为"双线会展""数字展会"和"网上展会"，它是一种全新的会展组织策划、企业参展和观众观展的方式，它不是传统的会展网上信息展示，也区别于虚拟展会和网络展会，是互联网时代下的新型会展生态圈。其本质是以互联网为基础，利用云计算、大数据、移动互联网技术将社交社群、会展产业链中的各个实体连接起来构建一个数字信息集成化的展示空间，从而形成全方位立体化的新型展览和服务模式，这也是对实体会展模式的一种有效补充。

二、线上展会的特点

（一）方便快捷

线上展会在强调即时性的同时，具有成本低、辐射范围广、优化对接、沟通便捷、效果可控、曝光显示度高等优点，它是最具活力的宣传媒体，其时效性强、容量大、覆盖面广，只需要通过一个网络平台就可以不限时间、不限场地、不限人数和商品数量等完成一个会展项目。同时网络宣传是多维的，可以将文字、图像和声音有机地组合起来，通过视频、策划等方式传递信息。对于自己感兴趣的产品信息或者企业，客户只需要轻点一下鼠标，便可了解其详细信息，这为买家和卖家搭建了一座最便捷的沟通桥梁。

（二）降低成本

线上展会以网络平台为基础，所占用的为虚拟空间而非实际空间，省去了租借场地的成本；线上展会主要通过在网络平台上发布与企业产品相关的文字、图片、声音、视频等对产品进行宣传，其展示的是虚拟产品，避免了产品在运输过程中的损坏成本。

（三）不受空间和展览规模的限制

展会举办商和参展企业在前期通过互联网进行交流，这种交流一般不受空间、时间的限制。

（四）交易简便

线上展会的参观者只需通过网络即可浏览参展企业的各种信息，并可以借助网络技术，通过电子邮件、聊天室等完成交谈和磋商。此外，线上展会仅依靠数据信息、电子文件的交换即可完成举办商、参展商、采购商之间的约定和责任规范。

三、线上展会的优势

线上展会，作为一种全新的会展组织策划、企业参展和观众观展的方式，近几年来备受关注。对比线下展会，线上展会的优势逐渐突出。

（一）参展成本低

参加传统的线下展会需要耗费巨大的成本，展台租赁、展台搭建、人力成本、运输成本、物料制作等费用加起来动辄十几万到几十万元，对于任何一家企业来说，都是一笔不小的开支；而线上展会则可以极大地降低参展成本。无须人员到展会现场，无须对产品进行长途运输，无须制作线下展示物料，仅需要在相关展会平台上发布与企业相关的产品介绍，就能够与来自各地的客户进行交流，投入较小的成本，收获较大的利益。

（二）365天/24小时参展

一般的线下展会都以两天布展三天展期的方式进行展览，所以对于那些没法去现场的企业或者观众来说，只能通过网络报道或者同业发布的朋友圈等途径获知展会信息，非常不及时。而线上展会则打破了时间与空间的双重限制，做到了时时办展、处处参展。不管企业在哪个城市，不管什么时间，只要其拥有了自己的线上展位，就能够随时随地与客户进行沟通和交流。

（三）全行业全企业参与

由于成本问题，通常不是行业内所有的企业都能参与，这对企业来说无疑错过了很多商业机会，线上展会则很好地弥补了这一问题。企业仅付出较少的成本，就能够得到与展会相关的商业信息。

（四）数据生成整理

在参加完线下展会后，参展企业要对展会上收集的各种数据进行分类整理，这既浪费人力资源，又会降低工作效率，还可能导致错失与客户联系的最佳时间，最后丢单。线上展会能够完美解决数据整理的问题，不仅可以精准获取展会的总流量和每家展商的被观展数据、询盘信息等，还可以进行分析和跟踪，最重要的是这些数据还可以与其他展会或其他行业进行交换和整合，相互服务，分享共赢，为企业带来看得见的利益。

（五）安全环保

每举办一场线下展会，都会产生不少的垃圾，造成资源的严重浪费。小到参展证、展会餐券、展会盒饭的浪费，大到展台搭建的物料、各种桌椅柜柱的制作，其生命周期不过三天，就变成了一堆废材。更不用说各种物料所释放的有毒物质在搭建过程中对施工者，在参展过程中对参展企业、参展观众都存在着健康威胁；而线上展会则规避了这些问题，其绝对是绿色环保、毫无安全隐患的。

（六）展会后宣传与积累

传统的三天线下展会一旦结束，展商收摊撤离便销声匿迹，对没来展会现场和还不知道展会的人来说这个展会的意义和价值并不大，最多也只能看到一些展会新闻和片段图片，并且无法形成展会的历史资料留存。而线上展会可以在网上以各种方式（新闻链接、网站嵌入、公众号和微信转发、甚至是单独的一个 APP）向国内外各方传播，也可方便地保留和积累成展会历史档案。

当然，无论线上展会还是线下展会，都有自己的优势和缺陷，线下展会必不可少但从未来的发展趋势看，线上展会更具发展潜力、扩展性和跨界整合的能力。

第二章

海外参展知识产权保护

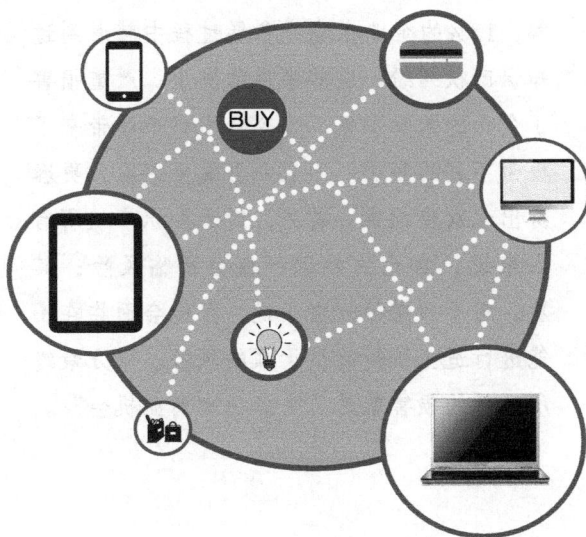

近年来，国际展会逐渐成为我国企业树立形象、推广品牌、展示实力的窗口。但是，由于缺乏对参展国知识产权规则的了解，13%的企业在境外参展过程中曾遇到过知识产权纠纷。这些事件的发生，严重损害了企业的国际形象，为企业出口产品带来了极为不利的影响。而且一旦发生纠纷，更容易出现双重损害：首先，对于知识产权所有人来说，自己的知识产权会面临风险；其次，对于涉嫌侵权者来说，可能会面临在不能进行适当抗辩时被干预的风险。双方最终所承受的损害就是"失掉一次商业机会"。

第一节　海外参展知识产权概述

一、海外参展常见知识产权风险

企业海外参展常见的知识产权风险集中在专利权（发明、实用新型和外观设计）风险、商标权风险和版权风险三大方面。

（一）专利权风险

参展产品一般融合了先进的研发成果，因其外形、结构、原理被抄袭而引发的专利侵权纠纷是展会中发生比例较高的情况。外观设计专利、普通的实用新型专利，内行人只要看一眼，立刻就能模仿。大部分的展会查抄都因专利纠纷而起，并且已经由简单的外观设计、实用新型侵权纠纷发展成为复杂的、不易判断的发明专利侵权纠纷。

（二）商标权风险

商标具有地域性，在我国注册的商标，只在我国受保护，在参展地没有注册，则不受保护。如果某企业的商标在我国注册，但在参展地却被其他人抢注成功，那么企业未经授权在参展地使用该商标就属于侵权行为。如果是被他人许可使用的商标，还需注意商标许可是有期限的，超期仍使用有可能被诉商标侵权。此外，如果在商品、包装以及相关广告宣传品上出现了在我国属于通用名称而在其他国家受法律保护的商标，企业也可能在不知情的情况下面临商标侵权的风险。

（三）版权风险

参展企业如果在散发的参展材料中使用了他人作品，或者在搭建的展台上使用了他人的设计方案，都可能导致侵犯他人版权。展会中，因使用背景音乐、他人摄影作品或美术作品等而被追究责任的纠纷也时有发生。企业还应注意在展会现场使用的电脑中下载的软件是否是正版。

二、海外参展知识产权风险的表现形式

（一）产品侵权

知识产权在参展产品中的体现最为集中。例如，一件包含了节能技术的灯具展品，其结构设计和节能技术方案可能受到发明或实用新型专利权的保护；灯具的外形可能受到外观设计专利的保护；如果该灯具的商标进行了注册或虽未注册但声名远扬，则可能享有商标专有权的保护；该灯具的使用说明书可能涉及版权的保护。此外，视当地的知识产权制度规则，还有可能涉及货源标记、原产地名称、商业秘密等知识产权保护。参展产品是众多知识产权的综合载体。因此，参展企业需要避免因产品的专利、商标、版权侵权等问题遭遇竞争对手起诉或管理机构的执法处理。

（二）材料侵权

参展材料通常包括展台、展板、宣传手册、产品说明、产品演示的音频视频等，这些材料往往涉及版权保护。因此，推销、演示、宣传或展示设计可能因使用受保护的美术、摄影、图形或模型作品，背景音乐，计算机软件等而引起纠纷。

三、海外参展侵犯知识产权的后果

（一）直接后果

参展企业一旦被举报侵犯他人知识产权，其展品将有可能被扣押、查封、颁发临时禁令或追诉等，企业将无法正常进行产品展示、商贸洽谈等活动。

（二）间接后果

企业在展会中遭遇的知识产权纠纷不仅会使企业参展受挫，而且可能极大地损害企业的国际形象，影响其市场营销，展后还可能使其陷入诉讼纠纷的泥潭，使得企业损失惨重。

下面是企业在海外参展过程中因知识产权工作到位而受益的案例。

案例

处变不惊、临危不惧，海鸥应对展会侵权指控

　　瑞士时间 2008 年 4 月 5 日下午 3 点，瑞士巴塞尔钟表展海鸥手表展柜前突然出现三位巴塞尔钟表展组委会官员。原来，世界第一大奢侈品企业瑞士历峰集团旗下独立制表人格勒拜尔·福尔斯投诉海鸥展出的双陀飞轮机械表侵犯其专利权，要求海鸥公司立即交出双陀飞轮机械表展品并由组委会带走检查。

　　海鸥公司的双陀飞轮机械表拥有自主核心技术，展团备好了证明自身持有专利和技术的证明文件，并迅速由中方翻译、技术骨干和当地律师组成应诉团队与组委会进行沟通。仅 4 个小时后，鉴定结果出来了，证实巴塞尔钟表展展出的海鸥手表没有违反（瑞士联邦）专利法。

第二节　海外展会知识产权侵权的提前防范

一、提高知识产权观念

案例

　　一家企业到德国参展。为了能使观展商对产品有更直观的印象，该企业把相关的样品都带到展会上，结果开展的第一天，该企业就遭受德国法院出具的临时禁制令，不得不撤离展会；并且由于该禁制令，企业的产品无法进入德国市场进行销售，理由是该企业产品涉嫌侵犯德国一家同类企业的专利技术。

　　从以上案例可以看出，很多参展企业在参展前或参展时均缺乏知识产权观念。很多参展

人员只关注展会本身，例如，如何布展，如何展示产品，往往对自身产品的知识产权想得很少，而关于参展国产品的知识产权了解得就更少了。然而，对知识产权保护十分重视的国家，往往就是抓住其他国家企业知识产权观念薄弱的特点，利用相关法律，快、狠、准地进行有效打击，以最少的成本在最短的时间里把竞争对手驱逐出国门。

二、在产品开发过程中深入调研

通常，在展会上涉案的产品在整体外观上与原告产品有很高的相似性，只是在细节方面做了一些修改。此类外观设计纠纷在汽车、玩具、家具行业非常普遍。因此，有类似问题的企业有必要对来源于知名产品的设计进行改良，如通过标注一些具有高度辨识性的花纹或改变重要部件的形状及尺寸大小等方式，使其整体的视觉效果形成差异化特征。

对于必须说明零部件可以匹配哪种主机的情况，生产企业如果在宣传材料中提及主机品牌和型号的，务必要在宣传材料的显著位置说明相关零部件属于自己的品牌（或者委托生产方的品牌）。在此类案件中，一份严谨的法律声明很大程度上可以帮助参展企业在展会上避免遭到查抄或起诉。

三、加强自主创新，加大海外专利和商标的申请数量

企业应加快知识产权海外布局的步伐，重点在重要市场国、目标市场国和竞争对手所在国等申请或获取相关知识产权，为商业竞争做好准备。通过 PCT（专利合作条约）等途径拥有自主知识产权并积极进行海关备案。

这样，在展会所在国拥有自主知识产权的企业可以主动出击，并有针对性地运用"临时禁令"打击不法企业的侵权行为，维护企业的品牌形象，保护自身权益。

拥有了自主知识产权，便可变被动为主动。若发现他国存在侵犯本企业知识产权行为、不正当竞争行为或垄断行为等，同时，若对方在我国有分支机构、代理商、分销商或其他诉讼连接点，企业可依据我国相关法律提起诉讼。

四、建立专利战略

企业要想避免侵犯知识产权的情况发生，就需要建立专利战略。

（一）核心专利要及时注册

多数国家实行在先申请原则，就是将专利权授予最先申请的人。大部分国家以日来计算，少数国家以小时来计算，如法国。

企业在发明创造完成后，要及时就核心技术申请专利，才能进行生产、发表论文、展览、销售等工作，防止程序颠倒被别人捷足先登。对于申请时前景不清晰的技术与产品，企业也应先申请后论证。

对于技术诀窍不容易破解的尖端技术，企业可以采取严格的保密措施，对技术秘密予以保护；对于技术诀窍容易破解、不容易保密的技术，企业应及时申请专利。

同时，企业应尽快对核心专利的外围技术申请专利，以便在核心技术领域筑起牢固的专利保护墙，阻止在核心专利周围未开发的领域被他人获得专利。申请核心专利的地域范围不能仅限于本国，应当尽快进行海外专利申请。

（二）专利公开，破坏专利申请前提

如果专利权可能被对手抢先申请并获得，在此情况下企业就可以选择将技术的相关内容抢先公开，使得对手也无法获得专利。

企业自己开发的技术、产品若没有必要独占，或者没有把握获得专利权，可以选择主动将技术内容通过杂志、报刊、学术会议等途径予以公开，使其成为公开技术。

（三）专利申请先行

企业需要与哪些国家、地区进行商贸活动，就要先在这些国家和地区进行专利申请。

（四）交叉授权

企业可以通过企业间专利技术对等交换的策略，即通过允许别人使用自己的专利来换取使用对方专利的许可，达到互惠互利、共同发展的目的。

在被国外企业警告侵害专利时，如果企业认为自己确有侵害行为，可以自身所持有的专利为谈判筹码，与对方谈判交叉授权。通过交叉授权，可以减少或免除很多专利侵害诉讼的麻烦和高昂的赔偿费用。

五、参展前做好充分准备

企业参展前要做好充分准备，具体措施如表 2-1 所示。

表 2-1　参展前的准备措施

序号	措施类别	具体说明
1	进行详尽的知识产权审查	（1）与在国内参展相比，参加国外展会前进行的知识产权审查应更为严格。在我国享有知识产权并不意味着该参展项目可以在国际上"畅通无阻"，最好通过注册或授权的方式在参展国（通常是企业的现有市场或目标市场）同时取得权利，不然，则应通过专项查询、检索，排除存在侵犯他人在先权利的可能性 （2）对于存在侵权可能，且在参展前未能排除该潜在风险的项目，建议不要进行展示 （3）如有涉及授权的，应仔细核对授权期限及授权地区，确保参展项目在参展地展出的合法性
2	携带符合规定形式的所有证明材料参展	国外参展路程遥远、文件往来需时较长，参展企业在参展时一定要将所有可能用得上的资料都带上，以防因未能及时提供材料而无法合法维权。 （1）一般来说，需要携带的材料包括参展企业主体资格证明；参展企业对参展所涉及的所有知识产权项目的知识产权权利证明 （2）对于无权利证书或授权书的知识产权项目，应准备能证明己方对该项目享有在先权利的证据，如商标的设计、推广、使用材料，专利的研发材料，著作权的形成材料等 （3）对于可能存在侵权纠纷的项目，要准备相关检索材料、技术对比材料 （4）对于参展企业与权利人名义不一致的，需补充相关授权材料 （5）委托某人（或某组织）处理参展期间知识产权纠纷事务及签署相关文件的授权书等 （6）对于非展会举办地境内形成的文件，要根据当地法律规定，事先准备好翻译、公证、认证手续
3	了解展会举办地的相关法律及处理程序	不同国家的法律或不同组织主办的展会对展会知识产权纠纷的处理程序有很大差异，参展企业在参展前必须了解清楚相关规定，尤其要知道己方所享有的答辩、申辩、申诉等方面的权利。了解的渠道包括浏览展会官方网站、阅读参展说明、咨询主办方或咨询当地专业机构等
4	聘请当地律师或知识产权专业代理机构处理展会知识产权事宜	（1）由于各国法律规定不同，国内的专业人士也未必能完全清楚展会举办地的法律规定。当展会主办方未能提供详尽的法律信息及在展会期间发生知识产权纠纷时，最好聘请当地律师或知识产权专业代理机构处理

序号	措施类别	具体说明
4	聘请当地律师或知识产权专业代理机构处理展会知识产权事宜	（2）现在国内一些大型的知识产权代理机构已与国外部分代理机构建立了合作关系，如果参展企业对当地情况不了解，也可以通过国内代理机构推荐

六、分析是否存在侵权行为

企业要提前分析参展材料、讲解资料，判断自身是否存在侵权行为，并做好预备方案。企业需要采取以下措施来分析是否存在侵权行为，具体如图 2-1 所示。

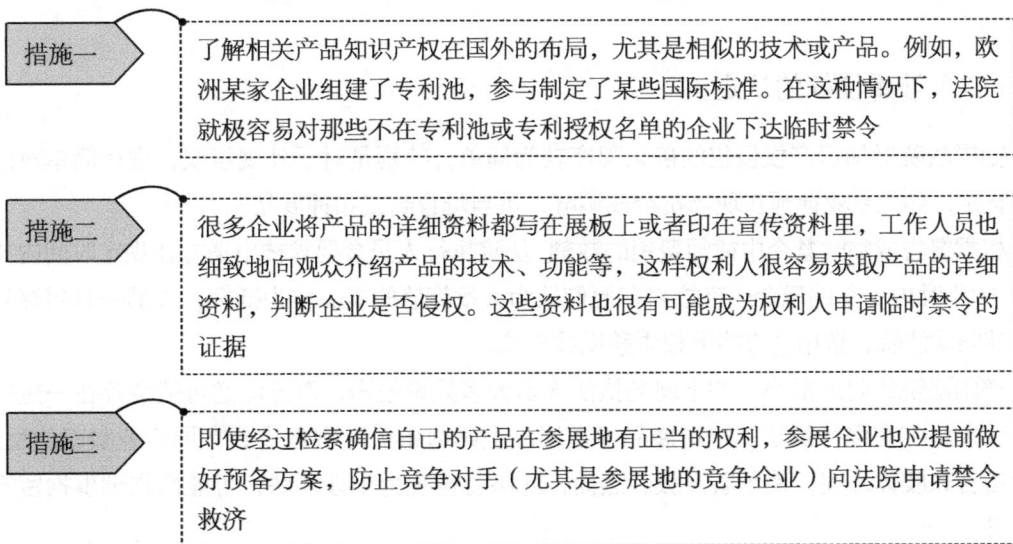

措施一 了解相关产品知识产权在国外的布局，尤其是相似的技术或产品。例如，欧洲某家企业组建了专利池，参与制定了某些国际标准。在这种情况下，法院就极容易对那些不在专利池或专利授权名单的企业下达临时禁令

措施二 很多企业将产品的详细资料都写在展板上或者印在宣传资料里，工作人员也细致地向观众介绍产品的技术、功能等，这样权利人很容易获取产品的详细资料，判断企业是否侵权。这些资料也很有可能成为权利人申请临时禁令的证据

措施三 即使经过检索确信自己的产品在参展地有正当的权利，参展企业也应提前做好预备方案，防止竞争对手（尤其是参展地的竞争企业）向法院申请禁令救济

图 2-1 分析是否存在侵权行为采取的措施

七、注重展会执法流程和细节问题

企业要注重展会执法流程和细节问题，在此以德国为例进行分析。

（一）文件的送达

（1）德国法院送至展会的法律文件格式非常简单，一般为德文打印的普通 A4 纸，蓝色的公章很小且盖在背面。

（2）送达者并不主动出示证件，不一定穿制服，和普通观众区别不大。

（3）文件可以不经收方签署，送达者仅凭收方任何人的名片即可认为送到。

正是这种送达过程的随意性和隐蔽性，使多数企业以为相关文件是小广告类的宣传品而置之不理，或是因为没有专业的德文翻译而未弄清来意，就给张名片打发了事。

> 殊不知接收法律文件的过程是化解整个纠纷最重要的一环。专业律师第一时间的抗辩有可能使随之而来的执行化为乌有。

（二）涉嫌侵权的认定

德国法院对知识产权侵权的确认程序较为简单，特别是对于外观侵权，进行简单对比后即可认定，如无专业律师在现场抗辩或调解，可当场查封或扣押展品。

根据警告或临时禁令中律师费用的数额，法院执行人员会要求被申请方在规定时间内（一般是 24 小时内）交纳现金或直接封存他们认为大致等值的展品作为抵押。展品一旦封存其所有权就归属法院，被申请方将无权再移动或出售。

德国法院的封条很小，加上现场执法人员大多只说德语，双方沟通可能会存在一定的困难，以致法院在强行执法（拉走展品或在展品上贴封条）时常常遭到参展企业员工的反对，发生语言和肢体冲突，使矛盾升级。然而，此举将被视为干涉司法，可能面临刑事拘留等严重后果。

（三）所采取的法律手段和后果

德国对知识产权侵权采取的法律手段有询问、警告、临时禁令、民事诉讼和刑事调查，具体如表 2-2 所示。

表 2-2　知识产权侵权采取的法律手段

序号	手段类别	具体说明
1	询问	询问函一般是由申请方发出，可以是书面送达、传真，也可以通过被申请方公开的网址发送邮件，对其认为涉嫌侵权的行为提出询问，并告知须要答复的最后期限。如果在最后期限内没有得到答复，就可以申请临时禁令
2	警告	警告是申请方通过其律师先给涉嫌侵权人发警告函，其中会描述具体侵权行为，要求被申请方认同并签订停止侵权声明和惩罚条款，同时支付律师费用
3	临时禁令	临时禁令是在紧急情况下，对某些权利进行保护而采取的一种方式，尤其在展会上使用频率很高。临时禁令从申请到执行所需时间非常短，一般只需要 4 ~ 6 个小时，这也意味着，可能展会刚刚开始几个小时后，侵权产品就不得不从展台上撤出。如果申请人在申请临时禁令时，要求清除侵权品且得到法院的准许，被申请人还要将侵权品交给法院强制执行人。临时禁令具有强制执行力，如果被申请人拒绝执行临时禁令，申请人可以请求警方协助，被申请人甚至有被拘留的可能。如果继续展示，可以被判处罚款，金额最高可达 50 万欧元
4	民事诉讼	（1）临时禁令一般都伴随着侵权诉讼。德国知识产权法律规定，遭遇临时禁令的企业必须参与随后由临时禁令申请人提起的法律诉讼，并与其进行抗辩，一旦被判侵权，将做出相应赔偿 （2）由于诉讼程序时间长，其往往要在展会结束后才进行，可那时侵权人已经离开参展国，又往往不再应诉，这使得原告不仅失去起诉意义，反而要搭上不少律师费。因此，德国加大了在展会中对侵犯知识产权的打击力度，针对展会民事诉讼出台了速判速决的新规定，只要提交的具体侵权证据确凿，法院在 2 天内即可判决，并赶在展会期间下达判决书。检察院在拿到判决后立即奔赴展馆向侵权者出示判决书并要求当场签字承认，并课以重罚
5	刑事调查	刑事调查的执法将更为强势，警察可以到展台上没收有侵权嫌疑的展品，并且不需要向展商解释说明投诉方以及投诉内容，检察官可以向法院要求拘留参展商，以便收集证据

八、使新闻传媒成为有效工具

（一）成立应对媒体报道的组织机构并构建相应机制

企业准备到国外参展前，应成立应对媒体报道的组织机构并构建相应机制，同时需要注意以下事项，具体如图2-2所示。

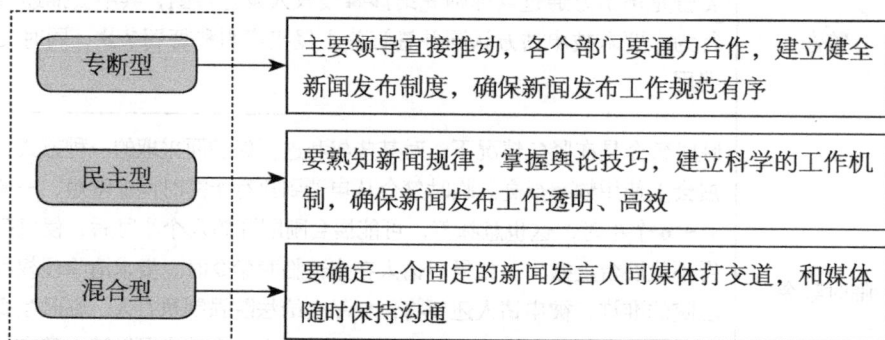

专断型	主要领导直接推动，各个部门要通力合作，建立健全新闻发布制度，确保新闻发布工作规范有序
民主型	要熟知新闻规律，掌握舆论技巧，建立科学的工作机制，确保新闻发布工作透明、高效
混合型	要确定一个固定的新闻发言人同媒体打交道，和媒体随时保持沟通

图2-2　成立应对媒体报道的组织机构并构建相应机制

（二）与国内及国外相应的媒体构建良好的公共关系

在展会前期，企业首先要熟悉参展地媒体，选择适合自己并具有一定公信力和影响力的媒体作为交流对象，主动培养与媒体间的感情。

第三节　侵犯他人知识产权的应对

一、积极应对，不能一走了之

在海外参展时，如果不慎侵犯了他人的知识产权，参展企业要积极应对，切忌一走了之。很多企业在展会上一旦遭到质问，首先想到的就是走人，其实这样会更加被动。已经参展的成本无法收回不说，进入参展国市场的努力也付诸东流，有些时候甚至丧失进入市场的良机，这对企业来说才是最大的损失。

因此，遇到这种情况，企业应该立即向律师寻求帮助，有条件的情况下应联合当地的知识产权律师进行应对。一般情况下应对得当，挽回损失的机会还是很大的。当然，付出一定的法律成本是在所难免的。

二、正确引导新闻媒体

由于企业的知识产权创造能力较低、保护力度不强、经营手段不成熟，对国外知识产权法律不了解，知识产权意识较淡薄，给竞争对手提供了可乘之机。在这种情况下，正确引导舆论，能够起到"统一口径、巧妙应对、规避风险、确保企业稳步发展"的作用。

（一）参展中的危机应对

（1）在展会发生知识产权纠纷之后，企业要临危不惧，处变不惊，切忌封锁消息，隐瞒事实。企业要把握先机，要在第一时间对当前的形势做详细、准确的分析和判断。

（2）明确对方企业有无权利以及权利的范围大小，本企业是否存在侵权的事实等。这些问题都需要在第一时间做出详细、准确的分析和判断。

（3）引导媒体进行客观公正的报道，并及时披露相关信息，先声夺人。

（二）展会后的跟踪报道

在展会后，事件报道一定要保持连续性，要根据纠纷的进展情况，持续进行后续跟踪报道，利用媒体重建声誉，重塑形象。企业只有重新建立起自身信誉和公众形象，其危机处理才谈得上成功。这样才能增强宣传工作的有效性，以及大众对企业宣传内容的信任程度。

企业在国外参展，一定要正确运用新闻媒体这把"双刃剑"。用好了，能为企业披荆斩棘，开拓新的国际市场；用不好，就会危及企业自身。因此，企业在参加国外展会的活动中，一定要以正确的方法面对媒体，制定好宣传策略。

三、遭遇侵权诉讼的应对

（一）遭遇侵权诉讼的应对措施

参展企业遭遇侵权诉讼，可采取的措施如图 2-3 所示。

针对诉讼程序提出异议 →	比如原告不具备提起诉讼的资格、受理案件的法院无管辖权或者超过诉讼时效等
进行不构成侵权的抗辩 →	比如根据侵权判定标准，结合展会举办地的相关法律，搜集证据证明被诉侵权产品不构成侵权
提出权利无效请求 →	对诉讼涉及的知识产权进行分析评议，如判定权利不稳定，可依据参展地的法律法规提出权利无效或撤销或异议的请求，令对方失去提起诉讼的权利基础
提起反制性诉讼 →	分析对方产品是否落入己方或关联企业的知识产权保护范围，一旦发现对方产品侵犯己方知识产权，可提起反制性的诉讼，谋求和解

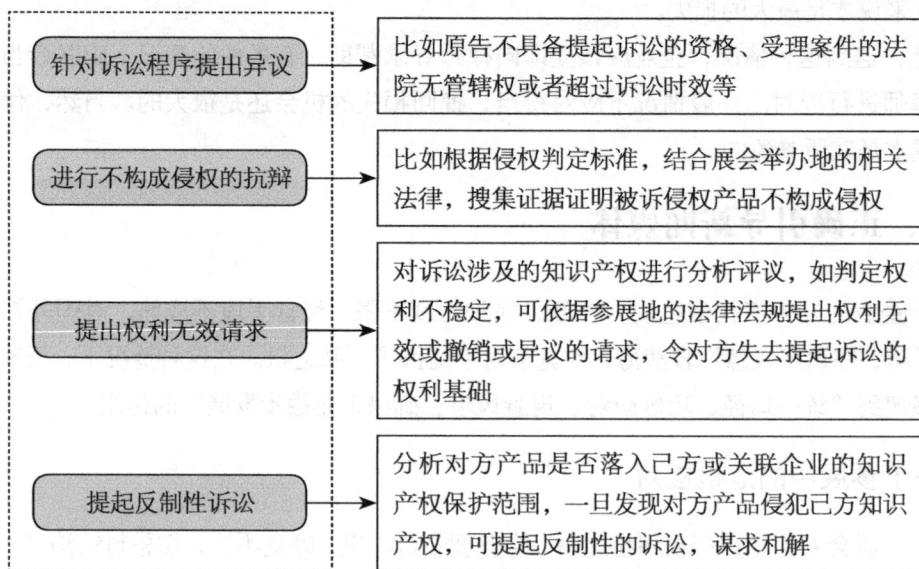

图 2-3　遭遇侵权诉讼的应对措施

（二）正确选择知识产权诉讼律师团队

企业要正确选择知识产权诉讼律师团队。以美国专利侵权案件为例，有价值的律师维权团队应当由我国法律顾问、美国专利律师、出庭辩论律师、合格的美国律师助理组成。

1. 我国法律顾问

我国律师虽然受资格限制不能作为代理人直接参与案件诉讼，但却是我国企业和诉讼国律师之间不可或缺的沟通桥梁。优秀的法律顾问团队应当具备的条件如图 2-4 所示。

法律顾问团队应当具备的条件	熟悉我国企业的知识产权状况
	了解我国企业在美国的市场需求和维权目标
	具备在我国国内取证支持诉讼的条件和能力
	熟悉美国知识产权法律环境
	具备可靠的法律英语与技术英语的语言沟通能力

图 2-4　法律顾问团队应当具备的条件

2. 美国专利律师

美国专利律师是指具备争议技术领域的技术背景及相关专利申请、审查及诉讼材料准备经验的律师。很多律师都称自己为诉讼律师，千万不要把"诉讼律师"和"出庭辩论律师"相混淆。知识产权案件的绝大多数诉讼工作都发生在法庭之外，美国专利律师应当在专利案申请、质询、举证、审阅文件、法律文件起草等方面具备丰富的实践经验。

3. 出庭辩论律师

出庭辩论律师是指具备法庭陈述和法庭辩论经验的美国专利律师。他们在进行有效的法庭陈述时应当具备的能力如图 2-5 所示。

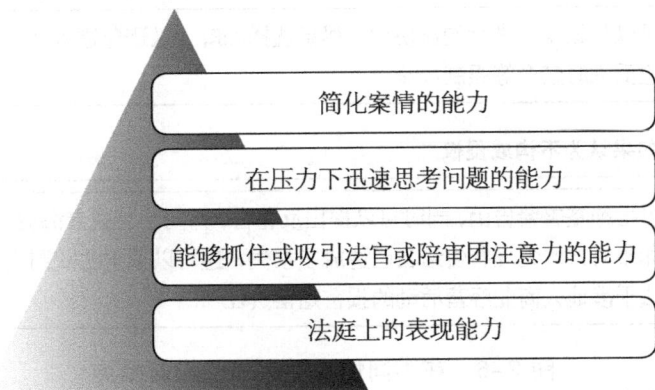

简化案情的能力

在压力下迅速思考问题的能力

能够抓住或吸引法官或陪审团注意力的能力

法庭上的表现能力

图 2-5　出庭辩论律师应当具备的能力

4. 合格的美国律师助理

在美国，大部分诉讼准备工作是由律师助理来完成的，律师助理的工作质量对于整个案件的走向会产生重要影响。因此，企业千万不要忽视对律师助理工作的考察，律师助理的工作经验、与主办律师的合作年限、工作思路和风格等应成为考察重点。

若想选定一支出色的律师团队，对多家备选律师事务所进行"面试"是必要的工作，在调查和了解了相关背景资料之后，企业应给每一家"应试"的律师事务所准备一份简要的案情提纲，与之进行案情讨论。无论最终选定哪一家，这样做都会为企业的后续维权工作提供有参考价值的信息。

四、接到法律文件的应对措施

在出现侵权行为时，针对展会上可能接到的法律文件，企业可分别采取以下应对措施。

（一）警告（询问）函

警告（询问）函是权利人进行私力救济的一种方式，一般是要求停止侵权和赔偿损失。参展企业收到警告函后应核实警告函的发出人是否为权利人或者其代理人，并判断自身产品是否构成侵权（如侵权事实是否清楚和法律依据是否充分等）。

对这种非官方行为，企业应认真对待，在规定的期限内予以答复。根据是否侵权，采取的应对措施如图 2-6 所示。

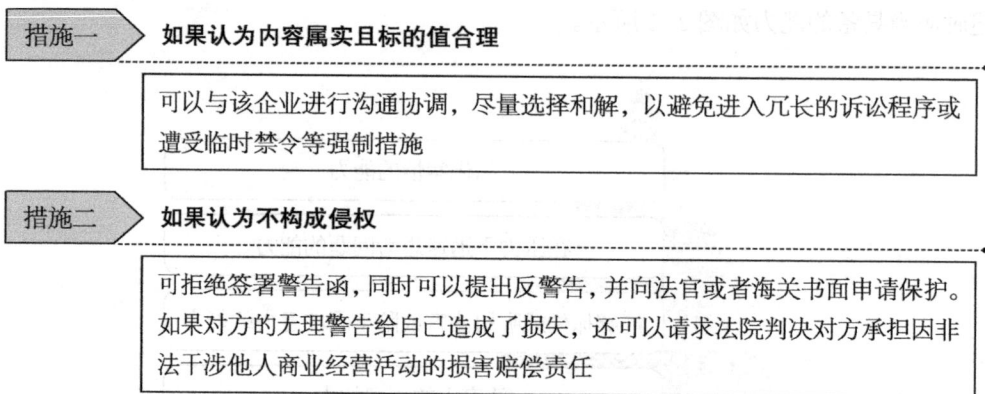

措施一	如果认为内容属实且标的值合理
	可以与该企业进行沟通协调，尽量选择和解，以避免进入冗长的诉讼程序或遭受临时禁令等强制措施

措施二	如果认为不构成侵权
	可拒绝签署警告函，同时可以提出反警告，并向法官或者海关书面申请保护。如果对方的无理警告给自己造成了损失，还可以请求法院判决对方承担因非法干涉他人商业经营活动的损害赔偿责任

图 2-6 在不同情况下采取的应对措施

（二）临时禁令

如遇相关执法人员根据临时禁令前来扣押或没收展品，企业参展人员应沉着冷静，积极配合执法人员的工作以及当地司法行政部门的协调处理，并积极寻找一切维权途径，尽力降低企业损失。

企业首先要向专业律师咨询，决定是否要签署停止侵权的合同，积极寻找庭外和解的可能。因为如果能够庭外和解，损失相对会低一些。如果认为临时禁令不公平，可以委托律师向法院提起异议或者要求对方限期提起诉讼。

（三）收尾函

一般在签署临时禁令 3～4 周后，涉嫌侵权企业会收到收尾函。收尾函的意思是根据临时禁令的规定，被确认为侵权。企业必须谨慎对待，如果没有提出抗辩或拒绝出庭，将直接败诉。

第四节 他人侵犯自身知识产权的应对

一、开展分析评议

参展中，当发现有参展产品涉嫌侵犯自身知识产权时，参展企业应立即保存证据，并确认自身知识产权的有效性和稳定性。根据收集的证据材料，自主或委托专业咨询机构、律师对构成侵权的可能性进行分析评议。涉及专利侵权的，企业应将对方参展产品的技术特征或参数与己方专利的权利要求进行对比，依据对比结果选择维权策略。

二、准备相关材料

视侵权情况，参展企业应及时整理相关材料，包括请求（起诉）书、侵权人主体信息、侵权行为的描述、诉求等；证明自身享有知识产权的证据；对方的侵权证据，如侵权产品实物或样品、销售记录、销售发票、侵权产品广告、网络信息、证人证言等；参展企业营业执照复印件；注明授权权限的授权委托书等。

针对涉嫌侵权的展品，可以通过拍照、索取产品宣传册或者购买等方式来收集证据，必要时还可通过公证方式保全证据。对无法取得的证据可申请诉前证据保全，为日后诉讼做准备。

> 鉴于不同国家的证据制度存在差异，我国企业在取证时一定要符合展会所在国的法律规定，最好委托有资质的专业律师去处理，避免证据被认定为无效而无法在诉讼中被采信。

三、寻找渠道和采取措施

参展企业可通过展会举办方设立的知识产权投诉部门、展会举办地的知识产权行政和司法部门采取维权措施。

（一）发出警告函

发出警告函的目的是指出对方存在的侵权事实，要求停止侵权行为并赔偿损失。

（二）沟通协商

参展企业以口头或书面形式与对方就侵权问题进行沟通，协商解决办法，达成一致的，应订立书面协议。

（三）申请执法

参展企业依据展会举办地相关法律法规向有关部门提出诸如扣押和没收展品的执法申请。

（四）申请禁令

参展企业依据当地法律向法院提出申请诸如颁发临时禁令等措施规制。

（五）提起诉讼

参展企业凭借侵权证据和知识产权凭证，向法院提起诉讼，请求保护自身权利。

第三章

开展海外参展策划

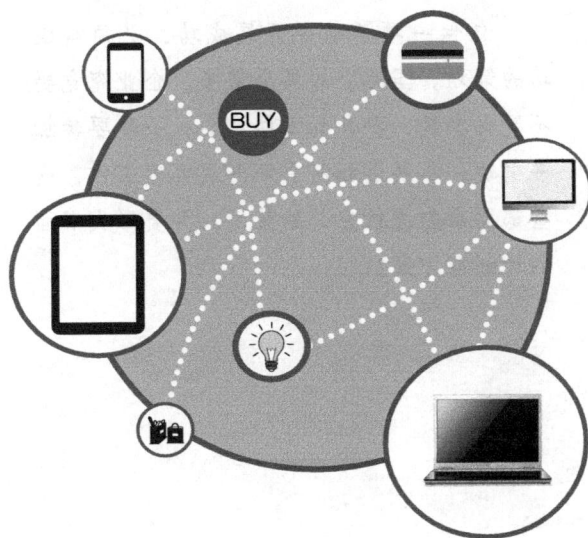

任何一项活动要开展成功，必须有成功的策划。国际上的展会繁多，企业究竟要不要去参展，要参加哪些展会，一年要参加多少次，参展后如何有序开展各项工作，这些都要事先进行充分的策划，并要形成书面的计划与方案。

第一节　确定是否参加展会

参加海外展会是企业扩大出口的重要手段，也是实现国际化的最佳途径。但是，并不是参加所有的展会都能达到参展的目的和预期的目标。因此，确定是否参加展会是企业参加展会的首要步骤。企业在确定是否参展时的实际操作流程如图 3-1 所示。

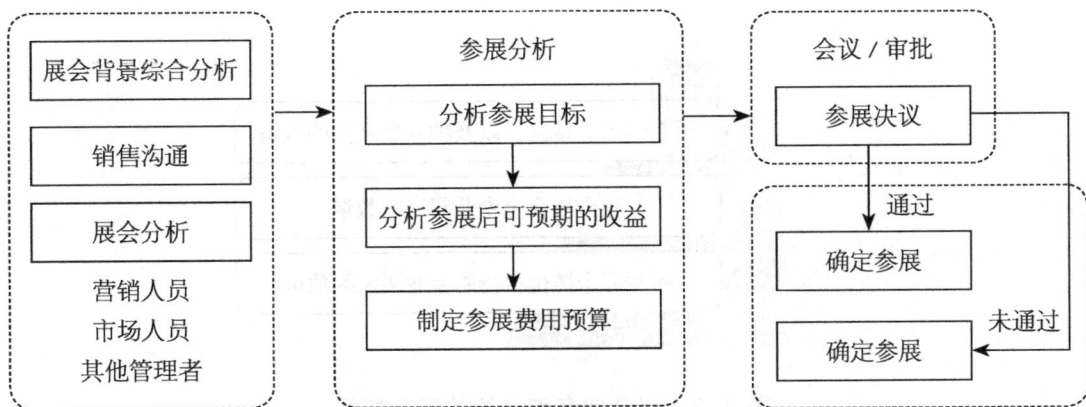

图 3-1　确定是否参展时的实际操作流程

一、市场调研与展会分析

（一）市场调研

企业花费巨资出国参展，最终目的是将主打产品推向国际市场，因此在选择展会前，对全球市场进行调研是很有必要的。

如欧洲地区比北美地区对产品质量、制造工艺等方面的要求更高，因此一般比较适合在欧洲进行中高档产品的交易。相比而言，由于美国国内市场巨大，且毗邻中南美洲，因此企业不管生产什么档次的产品都能找到不错的贸易伙伴。在成交数量上，欧洲买家更为谨慎，喜欢小批量多次交易；而美国买家一般下单比较快，成交量也比较大。

（二）展会分析

不是每一个展会都要参加，而是要对其进行分析，以便有针对性地选择展会。

1. 分析国际展会的知名度

随着展会经济的发展，国际展会的知名度越来越重要。每个行业都有自己的展会"巨头"，其已成为国际贸易企业不可错失的展示平台，如芝加哥工具展、米兰时装展、汉诺威工业博览会、德国柏林轨道交通展等。

企业要根据不同展会的特色和优势，根据自身条件和需求来选择要参加的展会。通常展会的知名度越高，吸引的参展商和参观商就越多，成交的可能性也越大。展会知名度分析指标主要包括三个，如图3-2所示。

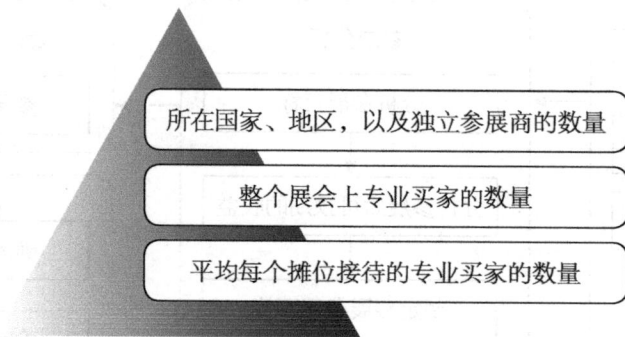

所在国家、地区，以及独立参展商的数量

整个展会上专业买家的数量

平均每个摊位接待的专业买家的数量

图 3-2 展会知名度分析的三个指标

这三个指标中，平均每个摊位接待的专业买家的数量最重要。数值越高，表明该展会越繁忙，价值也越高，同时也要根据该指标来确定预订展会的面积。

除了考虑历史指标，参展企业还要根据竞争趋势的变化，判断下一年这些指标的走向，制定公司的参展策略。

如果企业要参加新展会，则要考虑主办方在行业中的号召力。知名度高的展会往往收费较高，为节省费用，参展企业可与其他企业合租展位。即便如此，其效果也会好于参加那些不知名的小展会。

2. 分析国际展会的性质

每个国际展会都有其不同的性质，包括专业性展会和消费性展会，具体内容如图 3-3 所示。

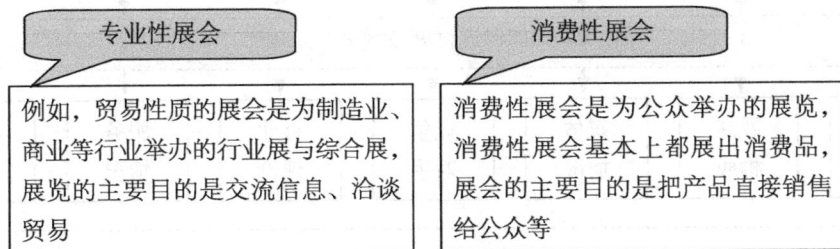

专业性展会

例如，贸易性质的展会是为制造业、商业等行业举办的行业展与综合展，展览的主要目的是交流信息、洽谈贸易

消费性展会

消费性展会是为公众举办的展览，消费性展会基本上都展出消费品，展会的主要目的是把产品直接销售给公众等

图 3-3 国际展会的性质

展会的性质由展会组织者决定，企业可以通过参展企业的成分进行分析。在发达国家，不同性质的展会界限分明。而在发展中国家，由于受到经济环境和展览水平的限制，往往难有准确的划分，参展企业应结合自身需要，谨慎选择。

3. 了解国际展会的周期

展会周期划分标准比较多，其中有定期和不定期两种，具体如图 3-4 所示。

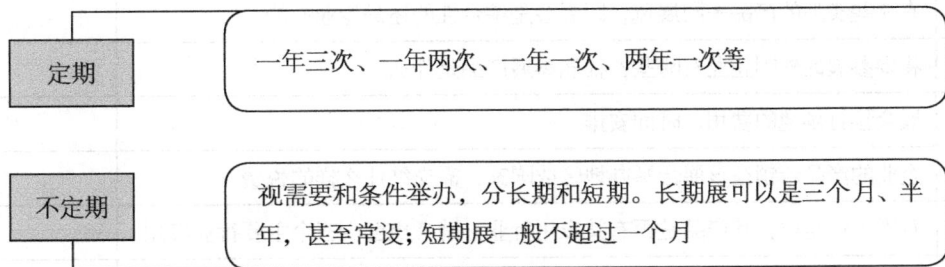

定期

一年三次、一年两次、一年一次、两年一次等

不定期

视需要和条件举办，分长期和短期。长期展可以是三个月、半年，甚至常设；短期展一般不超过一个月

图 3-4 国际展会的周期

（三）详细了解拟参展展会的信息

对于所选择的拟参展的展会，企业也要做进一步的调查。企业可以从竞争参展企业及其他参展者处了解其对该展的看法及所遇到的问题，包括服务、展位布置、问题处理、买主多少等；同时，也可向展会所在地或邻近地区的销售代理商了解其对该展会的看法。

具体应详细了解的拟参展展会的信息如图 3-5 所示。

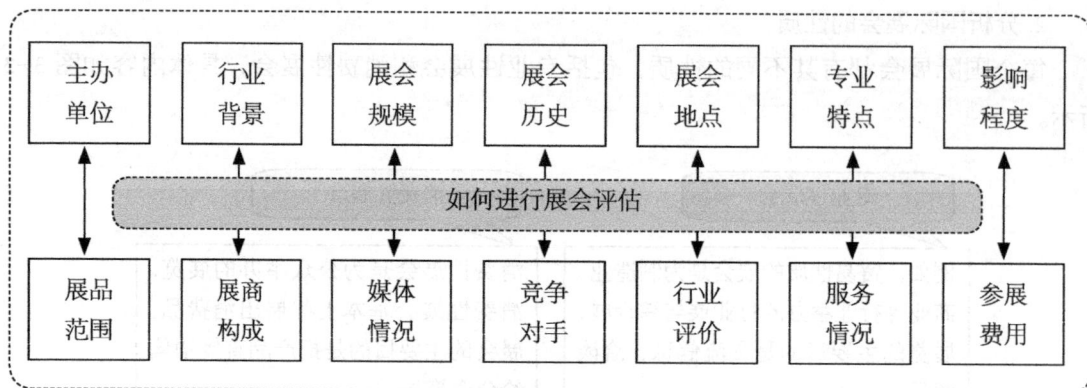

图 3-5 必须了解的展会信息

企业在了解拟参展展会的细节时可以重点考虑表 3-1 所列的问题。

表 3-1 了解拟参展展会的细节时应考虑的问题

序号	问题	结果
1	展会的主题是什么	
2	展会覆盖的地区有多大	
3	有哪些类型的产品一同展览,即展会是综合性的还是专业性的	
4	将要参展的外国企业有哪些?往届参展产品是什么	
5	展会预订场地的费用、时间安排	
6	企业的产品若销往该展会举办地区或国家,需交纳什么样的税费	
7	对于工业企业,其产品是否有其应用行业?请考虑至少三个主要行业应用	
8	该展会是否能满足企业市场拓展的需求	
9	展会的日期是否合适	
10	同期是否有其他展会举办	
11	展会期间客户到访数量大约有多少	
12	组展机构怎样推广展会	
13	展会过往的业绩如何	
14	往届是否有同行知名企业参加?有哪些主要竞争对手	

序号	问题	结果
15	展会组织者是否能提供以往参展商的联系方式	
16	企业中是否有人曾参加过这个展会	
17	展会组织者对参展企业的推广提供哪些协助	
18	组展机构是否可以提供买家专业性的保证	
19	该展会是否符合企业现行的市场策略	
20	若参加此次展会，谁将是公司的目标客户	

（四）选择专业性强的主题展会

现代国际展会的一大特点是日趋专业化，同一主题的展会可细分为许多小的专业展会。如何选择专业性强的主题展会呢？企业首先可以查看该展会的各种资料上是否有 UFI 标志。

UFI 是国际展览联盟（Union of International Fairs）的简称，是迄今为止世界展览业最重要、最权威的国际性组织。企业在选择海外展会时，应留意其是否有 UFI 标志，预先了解清楚有助于选择最专业、最适合的展会。

二、明确参展目标

企业参加展会的目的不尽相同，有去采购的，有去收集信息的，也有去了解行业发展动向的，等等。因此，企业在决定参展时必须明确参展的目的。

参展目标的制定要配合企业整体的市场策略，具有实际性和可衡量性。

（一）企业参展的主要目的

一般来说，企业参展的主要目的如下。

（1）宣传推广新产品。

（2）开发新客户，维持与老客户的联系。

（3）接触更多的潜在客户和行业人士，认识实力强大的买家。

（4）宣传企业形象，提升产品品牌知名度。

（5）收集市场信息，进行实地调研。

（6）找到新的市场推销思路。

> 明确参展目标是参加展会成功与否的关键，其后续工作应围绕参展目标展开。

（二）明确参展目的时要考虑的要点

企业在明确参展目的时，应认真考虑表 3-2 所列的问题。

表 3-2　明确参展目的要考虑的要点

序号	考虑要点	思考的结果
1	是否能开拓新市场，增加新客户	
2	是否能配合企业的营销计划	
3	是否能满足公司的销售策略	
4	是否能增加现存市场的产品销售	
5	展出的时机是否合适	

企业应按照总体经营目标，根据不同的发展阶段和市场情况来确定参展目标。参展目标可以细化为一些量化指标，使其具体化和便于操作。

三、参展费用预算

参加国外展会的费用包括场地费用、展位搭建费用、展品运输费用和人员费用四大部分。另外还有报名费、会刊登记费、杂费等数额相对较小的费用。

（一）场地费用

欧洲展会公布的场地价格一般是指光地价格。曾经有向博览会直接报名的展商误以为付了场地费用就万事大吉了，到了现场才发现自己只有一块没有任何基本装修和道具的光地。德国展览业协会（AUMA）认证的展会会收取每平方米 0.6 欧元的管理费用，一般还预收每平方米 15 ～ 20 欧元的服务费押金。这项预收服务费用于抵扣在参展时发生的与参展企业相关的各项费用，如电费、接电费、插座费、人工费、道具租赁费、清洁费，一般以上届展会的平均服务费用为标准。德国展会的所有报价都需加收 16% 的增值税，如果企业自行报名参展，计划租用 20 平方米单价 150 欧元的场地，那么在确认报名后，收到的场地费用付费账单将是（150+0.6+20）×1.16×20 ＝ 3 957.92 欧元，而不是 3 000 欧元。另外，展会报名费、会刊登记费也会依据各个展会的标准而有所不同，均需列入成本预算。

（二）展位搭建费用

展位搭建费用是一笔可高可低的支出。如果要节省费用，可以进行最简单的装修；如果要体面且有风格，自然花销不菲；如果既希望节省成本又醒目实用，参加展团统一的施工装修是最好的选择。很多有实力的国内企业非常注重参加境外展会时的企业形象，不惜花重金从国内送去展架及搭建人员。其实，与在国外寻找适合的搭建公司做装修方案并搭建展位相比，前者的费用支出及所消耗的人力、物力并不少。另外，与组展公司合作也可以克服语言方面的障碍。

（三）展品运输费用

随展团运输展品对参展企业来说是比较便捷并节省成本的途径。组展公司报出的展品运输价格，通常分为海运（按照体积：×× 元 / 立方米）和空运（按照重量：×× 元 / 千克）两种方式，包括从指定仓库集货起至展会展台的全程运输费、仓储费、报关手续费等费用。参展企业只需要根据自身运输的展品情况结合相应的报价，即可提前计算运输成本。需要注意的是，因为展品类别或参展国别、地域的不同，展品的关税额度也有各自的规定，组展公司会根据当地海关的要求提前报价，并指导参展企业计算关税开支。

（四）人员费用

人员费用指往返交通、境外餐饮及住宿等开支。组展公司通常会详细列出各项费用的预算情况。

四、召开评审会

最后，企业应该召开一个海外参展的评审会，审议是否去海外参展，参加哪一区域、哪一时间段的展会。如果审批通过，就可以进入下一阶段，即制定海外参展计划和方案。

【范本】海外参展费用预算表

海外参展费用预算表

费用项目		数量/ 单位	单价 （元）	本次费用 （元）	合计 （元）
展位费	1. 场地费用				
	2. 搭建费用				
	3. 地毯费用				
	4. 电子屏幕支持费用				
展品运费	1. 去程展品和搭建材料、现场所需物料运输费用（包含落地费）				
	2. 回程运费（短途运输费＋物流费用）				
展品关税 与保险费	1. 商检费				
	2. 关税				
	3. 保险费				
参展样品	1. 新产品费用				
	2. 样机费用（不出售）				
	3. 常规产品费用（可出售少量随展库存的）				
参展辅助 物资费用	1. 商务礼品（重要客户）				
	2. 礼品（一般客户）				
	3. 名片				
	4. 邀请函（或有）				
	5. 服装（参展礼服）（或有）				

（续表）

费用项目		数量/单位	单价（元）	本次费用（元）	合计（元）
广告费用	1. 参加展会期间的论坛费用				
	2. 在展会期间做广告的费用				
	3. 纸媒、电子版广告等展会场内广告费用				
差旅费用	1. 飞机票（往返）×（人数）				
	2. 酒店住宿费用 ×（人数）				
	3. 餐饮费用（客额）× 人数				
	4. 当地交通费用、当地接送费用				
场馆施工费用	1. 场馆电源费用				
	2. 二层到展位落地费				
	3. 吊装费				
	4. 施工管理费				
	5. 施工证件费				
	6. 车辆进场费押金				
	7. 空箱放置费用				
参展手续费	1. 签证费				
	2. 境外人身保险费				
	3. 展会注册费				
	4. 报名费				
增加项目	1. 展前IC卡办理费				
	2. 进场卸货费				
	3. 撤展提货费				
	4. 租用植物、花草费				
	5. 额外租用桌椅、展示台、层板费				
	6. 桶装水、复印等费用				
展会涉及的所有费用合计					

第二节　制定海外参展计划和方案

　　参加海外展会不是简单地派几个人带着展品和样本去展馆进行展示，而应该将其看作一个涉及面很广的复杂的工程和项目，因而制定详细的参展计划就显得十分重要。一个好的参展计划能在一定的投入下取得最大的参展效益。

一、年度参展计划

　　年度参展计划一般包括六项内容，具体如表3-3所示。

表3-3　海外参展计划的内容

序号	项目	具体说明
1	展出目标	确定参加展会的目的或预期达到的目标，并根据展出目标确定要参加的展会
2	展出重点	确定要参加的展会宣传或展览的重点项目，确定在展会期间开展的各种商务活动
3	时限要求	按展会的时间确定各项工作的时间安排
4	人员安排	指定参展项目的管理人员、工作人员以及各自的分工责任
5	资金计划	安排全年度用于展会的资金使用计划
6	筹备工作	确定与所参加展会配套的资料准备、展品制作、运输等其他工作

　　企业在制定年度参展计划时可以参考表3-4所示的内容。

表3-4　某企业年度国外参展计划

序号	展会目的	展会地点	展会时间	展会名称	展出重点及相关活动	参展人员	资金预算	筹备工作安排

二、海外参展方案

企业应在年度参展计划的指导下，针对每一个要参加的展会制定详细的参展方案。参展方案中除了年度计划中的相应内容，还应包括主题、标志、色彩、文字、照片、图片、展品、布局等针对展会的具体要求，以及对指定的展位设计和施工公司提出的要求。海外参展方案的内容架构大致如图3-6所示。

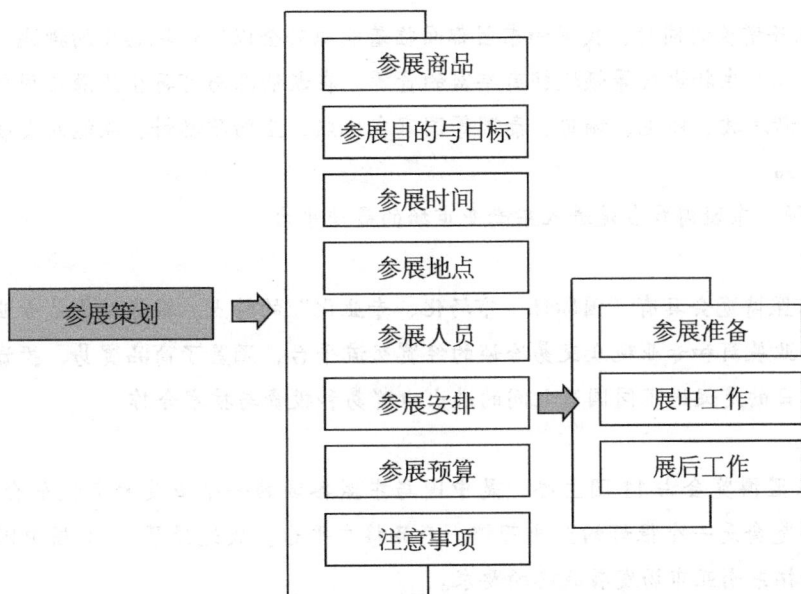

图 3-6 海外参展方案的内容架构

下面提供几份不同企业的参展方案范本，供读者参考。

【范本】海外参展计划时间表

××有限公司参展策划方案

——第 ×× 届中国—东盟博览会

一、展会介绍

（略）

二、公司参展原因分析

第 ×× 届中国—东盟博览会将于____年__月__日— __日在_____国_____市举行，主题为"环保合作"，我公司新能源产品符合此主题，此次参展有利于开拓东南亚市场。

（一）东南亚市场潜力巨大

新能源是国际大力推广的新兴产业，中国与东盟在新能源、节能环保领域的合作日益密切。中国和东盟国家有许多共同点，双方都是世界上经济发展较快的地区，经济增长和人口的增长使东盟国家成为新能源需求旺盛的市场。东盟的主要能源需求量在2010年达到了4亿多吨，2010年能源需求量增长率高于世界的平均增长率1.8%，我国在能源方面的需求也将会达到平均3.8%的增长率。

在维持经济增长的同时，我国和东盟都面临着能源安全以及环境恶化的挑战。东盟各国在太阳能、风电以及生物燃料等领域拥有丰富的资源，在新能源与可再生能源应用领域有着巨大的发展空间，新加坡、印尼、缅甸、泰国等国家在地热、生物质燃料、风能的发展更需要我公司的新能源产品。

（二）中国—东盟博览会是进入东南亚市场的最佳平台

1. 专业化

中国—东盟博览会具有"国际性、市场化、专业化"的特点，服务对象是专业展商和专业观众，它是专业展商和专业观众交易洽谈的经贸交流平台，涵盖了商品贸易、投资合作、服务贸易等内容，目的是促进不同国家之间的进出口贸易和投资与技术合作。

2. 权威性

中国—东盟博览会由11国主办，是中国与东盟各国的一个重要的交流平台；除此之外，中国—东盟博览会是一个很好的企业营销、产品推广平台。故选择第××届中国—东盟博览会符合公司开拓东南亚市场发展战略的要求。

（三）中国—东盟博览会的优势

（1）东盟博览会由11国主办，获得了各国能源部门的支持和认可。

（2）中国—东盟自由贸易区完全建成，商品关税为零。

（3）永不落幕的网上博览会，为参展企业免费提供中国—东盟博览会官方网站展台，让企业在东盟官方网站展示产品，让东盟采购商及时了解到企业的新产品。

（4）观众数量可达：专业观众达6 000 ~ 8 000人次，其中中国占45%，东盟10国占40%，其他国家和地区占15%；综合观众达20 000 ~ 25 000人次。

（5）观众领域：各国能源主管部门、新能源研发机构、新能源公司、新能源及节能环保行业、国际贸易公司、进出口公司、东盟国家代理商、经销商等。

（6）媒体宣传力度大。其强大的媒体攻势有助于对我公司的宣传。

三、参展时间

____年__月__日—__日。

四、参展地点

××国××市××国际会展中心。

五、参展人员

项目经理、涉外业务员、工程师。

六、参展目的

（一）宣传品牌，维护企业形象

（二）展示产品

在东盟博览会期间展示产品，让更多的消费者了解我公司的产品。

（三）招商加盟

企业有足够的资金实力和研发技术让更多企业加盟，以此来扩大销售份额。

（四）拓展渠道

目前我公司的销售区域为中国华北地区，参与东盟博览会可加大市场份额，开拓我国华南地区和东盟国家的市场渠道。

（五）了解市场未来的发展动态

通过了解消费者和采购商的需求，及其所在国的政策和市场动态，分析新能源产品在东盟市场的发展动态，为企业下一步计划提供参考资料。

七、重点展品选择

太阳能热水器、太阳能光电灯系列。

八、参展物料

（一）宣传资料：代理商邀请函、企业简介、企业宣传服装、产品宣传册、海报、赠品。

（二）洽谈资料：名片、相关合同书。

（三）服务资料：客户资料统计表、嘉宾签到簿、名片夹。

（四）其他物资：客户提问登记表，现场跟进记录表，工作人员所需的水、笔、工作证和记录本。

九、宣传策略

（一）广告宣传

在行业杂志和行业网站投放相应的广告，本企业网站进行同步报道。

（二）展会宣传

（1）预定两个展位，制作具有特色的企业展台，展示企业产品和品牌形象。

（2）赠送印有企业名称和产品的手提袋。

（3）在企业展台的正上方悬挂宣传双面旗，吸引消费者。

（4）在展览馆入口处安排发单员发放企业产品宣传资料。

（三）后期宣传

在东盟官方网站宣传企业产品，同时本企业网站进行同步报道。

十、效果预测

（一）如果宣传到位，将有大量的参观者参观公司的展台，包括采购商、代理商、专业观众等，会在现场积聚大量的人气。

（二）企业将首次开拓东盟渠道，产品能够迅速进入东盟市场。

（三）企业借东盟平台得到很好的宣传，企业形象和产品得到良好推广，知名度和美誉度得到提高。

（四）太阳能节能产品品牌会得到初步的建立和良好的推广，在一个较大的平台提高品牌的美誉度。

（五）与部分客户签单，获得第一手的客户使用资料，为以后的市场推广提供第一手资料。

十一、注意事项

（一）展示期间关注产品摆放和演示，防止被人偷窃，小心损坏。

（二）了解被邀请代理商的行踪，关注何时到达并及时接待。

（三）在展会期间，参展工作人员不能在现场吃东西，应保持展厅干净整洁。

（四）每天闭馆后要及时开总结会，总结一天的工作，发现问题及时解决，整理代理意向书，尽量当天晚上就约见重要的大客户。

（五）参展工作人员要衣着统一，体现企业良好的精神面貌。

（六）在去展会前列出参展物品和其他所需物品清单，依照物品清单整理东西，防止遗漏。

十二、参展安排

参展安排如下所示。

工作项目		时间安排	负责人
展前工作	（1）决定参展 （2）选择展品和参展人员 （3）计划编印展出资料。选定广告代理，安排资料印刷 （4）确定预算 （5）制定详细的展出工作计划 （6）内部审查设计 （7）设计送展会审查 （8）预定航班、办理保险 （9）选定运输公司、安排运输日期运送参展物品 （10）预定4名临时雇用人员，并进行培训		

（续）

	工作项目	时间安排	负责人
展前工作	（11）向潜在客户直接发函邀请参观展台 （12）由 ×× 会展服务有限公司包装展位		
展中工作	（1）产品演示 （2）每日产品统计、维护 （3）展出成果整理 （4）展出宣传活动安排		
展后工作	（1）展品运回安排 （2）代理商的追踪跟进 （3）网站的后续报道 （4）将展会上的火热场面做成视频资源，进行形象整合再包装		

十三、参展预算表

参展预算表如下所示。

预算	预算开支	预算	预算开支
（1）场地租金		（14）关税、增值税	
（2）展台设计费		（15）保险费	
（3）施工费		以上各项留 10% 应急预算	
（4）文图制作费		（16）资料编印费	
（5）道具制作租用费		（17）直接发函费	
（6）水电费		（18）广告费	
以上各项留 15% 应急预算		（19）记者招待会、新闻稿费	
（7）交通费		（20）宴请、贵宾接待公关费	
（8）市内交通费		（21）接待室费用	
（9）膳食费		（22）摄影、摄像费用	
（10）住宿费		以上各项留 20% 应急预算	
（11）工资、补贴、奖金		（23）其他费用	
（12）展品包装费			
（13）展品、道具运输费			

总预算：＿＿＿元。

××科技有限公司海外参展方案

一、前言

为了更好地建设销售渠道，迅速打开市场，提高市场占有率，促进公司更快更好的发展，拓展公司的品牌形象，我公司决定于××××年××月××日参加（国家名）国际博览中心举办的"第××届国际食品添加剂和配料展览会暨第××届全国食品添加剂生产应用技术展示会"。在本次展会参展过程中，请全体同仁共同努力，团结一致，以积极进取的工作精神，严谨的工作作风，共同完成展会的各项工作。

二、参展时间

____年__月__日—____年__月__日。

三、参展地点

（国家名），（展览馆名）。

四、参展人员

（略）。

五、参展背景分析

"国际食品添加剂和配料展览会"（简称"FiC"），是全球食品添加剂和配料行业规模最大的专业展会之一，更是亚洲规模最大的同类专业展会。

1. 大会分析

专业性：大会邀请了食品添加剂和配料行业的专家进行现场的专题讨论，根据当前国际形势进行具体分析与指导，让更多的相关企业得到最新资讯。

品牌性：FiC是全球食品添加剂和配料行业规模最大的专业展会之一。

权威性：展会经由国际展览业协会（UFI）认证，已跻身全球领先的食品添加剂展会之列，更是亚洲规模最大的同类专业展会。

国际性：全世界共有上千家企业参展，国际及国内知名食品添加剂和配料企业均参加本展会。

2. 参展商构成

食品添加剂和配料生产商、分销商等。

3. 与会者分析

（1）竞争对手（略）。

（2）媒体（略）。

（3）世界各地渠道商（略）。

（4）其他单位及人员（略）。

六、参展目的

（略）。

七、参展安排

（一）展前

1.展台准备

（1）参展主题的确定。

（2）展位的确定。

（3）展位的布置：KT板喷绘粘贴、展桌布置、简单客户接待区布置。

2.代理商邀请及策略

（1）由××提前通过发送邀请函的方法约好意向代理商或客户参加展会，并在展会前三天统计名单。

（2）可以准备一些可以一分为二的礼品，将一部分在展前随邀请函寄给代理商，剩下一部分在展位上发放（行政部、销售部）。

（3）可以制作印有公司标志和名称及联系方式的小记事本，现场派发给各目标参展商（行政部、销售部）。

（4）提前一天召开展前会，邀请到来的客户参加，展前会内容包括公司介绍、产品介绍、市场政策介绍。

（二）展中

（1）促销政策的实施，对当场签订代理合作的代理商给予一定的优惠（待确定）。

（2）当场签订的代理商可以按条件获得相应的奖励政策（待确定）。

（三）展后

（1）代理商和终端客户的追踪跟进。

（2）这时的宣传主要是针对展会上洽谈的代理商的跟踪追访，将在展会上的火热场面做成视频资源，进行形象整合再包装。

八、参展物料

（一）宣传资料

（1）代理商邀请函。

（2）公司简介（已有）。

（3）产品宣传册（已有）。

（4）赠品。

（二）洽谈资料

（1）名片（已有）。

（2）相关合同书（已有，需审核）。

（三）服务资料

（1）客户资料统计表（设计中）。

（2）嘉宾签到簿（设计中）。

（3）名片夹：一本放置本公司工作人员的名片，另外一本放置嘉宾名片。

九、效果预测

（1）公司的知名度借此平台得到很好的提升，公司形象得到推广。

（2）公司的品牌得到初步的建立和推广，在一个较大的平台提高品牌的美誉度。

（3）了解部分终端客户的意向；获得客户资料，为以后市场推广提供第一手资料。

十、参展预算

（1）参展费用：展位_____元。

（2）展厅的搭建费：_____元。

（3）宣传物品的制作费用：_____元。

（4）相关礼品的费用：_____元。

（5）招待费用：_____元。

（6）参展人员的饮食费用：_____元。

费用预算合计：_____元。

十一、注意事项

（1）展会期间关注笔记本的摆放和演示，防止物品被人偷窃。

（2）了解被邀请代理商的行踪，关注代理商何时到达并及时接待。

（3）在展会期间，参展工作人员不能在现场吃东西，保持展厅干净整洁。

（4）每天闭馆后要及时开总结会，总结一天的工作，发现问题及时解决，尽量当天晚上就约见重要的大客户。

（5）参展工作人员的衣着要整齐得体，以体现出公司良好的精神面貌和品牌形象。

（6）在去展会前列出物品清单，依照物品清单整理东西，防止遗漏。

第四章

海外参展备展工作

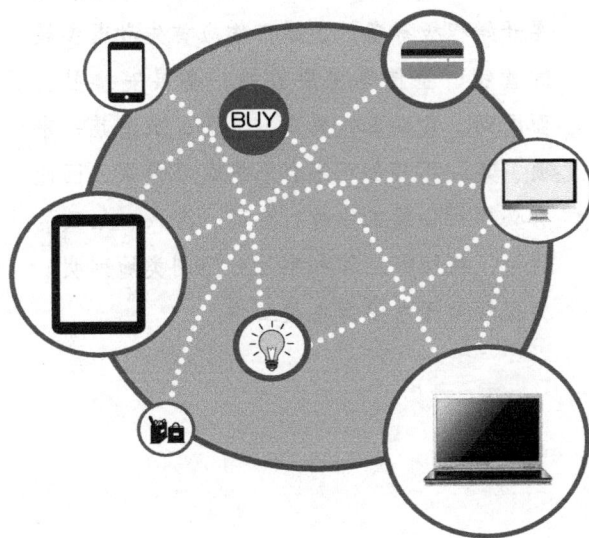

企业一旦决定参加某个国际展览，就要开始积极筹备，备展工作应首先考虑参展的营销、宣传等主要目的，备展安排要全面周到。备展工作繁杂，遗漏、疏忽某一事项、某一环节都可能会影响参展效果，因此有必要对备展工作进行全面、深入、细致的讨论，将所有工作和事项分门别类地列明，根据轻重缓急安排备展工作。

第一节　研读"参展商手册"

在确定展位后，展会主办方工作人员会向组展单位寄送（或发送电子版）参展商手册，企业仔细阅读参展商手册能够将参展计划完成得更加细致、规范和高效。参展商手册详细说明展会的细节和所有事项的提交期限，按时提交这些相关资料能够为参展商节省最多 30% 的展览费用。

但是，国内的组展单位在拿到海外展览主办单位的一大厚本参展商手册后往往疏于认真研读。大部分组展单位只凭经验，挑几项如刊登会刊、运输、装修等不得不知晓的内容传达给参展商。因此，参展商不能直接见到参展商手册是普遍存在的问题。有些组展单位甚至还会传递一些错误信息，更是害人害己。因此，从参展商手册中获取展会的大量信息，对组展单位和参展商都十分重要。

一、参展商手册的主要内容

一般来说，参展商手册主要包含以下几个方面的内容，具体如表 4-1 所示。

表 4-1　参展商手册包含的主要内容

序号	项目	内容说明
1	前言	主要是对参展商参加本届展会表示欢迎，说明本手册编制的原则和目的
2	展会场地基本情况	包括展馆及展区平面图、至展馆的交通图、展会场地的基本技术数据等
3	展会的信息	包括展会的名称、举办地点、展览时间、办展机构、展会指定承建商、指定运输代理、指定旅游代理、指定接待酒店等
4	展会规则	包括展会有关证件的使用和管理规定、展会现场保安和保险的规定、展位清洁的规定、物品储藏的规定、现场使用水电的注意事项、现场展品销售的规定、消防规定、知识产权保护规定、现场展品演示的注意事项等

（续表）

序号	项目	内容说明
5	展位搭装指南	搭装指南是对展会展位搭装的一些基本要求和说明，主要包括标准展位说明和空地展位搭装说明等
6	展品运输指南	展品运输指南对参展商及时安排展品等物品的运输有较大的帮助，是对参展商将展品等物品运到展会现场所做的一些指引和说明，主要包括海外运输指南和国内运输指南等
7	展会旅游信息	展会旅游信息主要是为方便参展商及观众等人员的日常生活服务的，是对解决参展商及观众等参加展会期间的吃、住、行等需要和展会前后的旅游需要等做出的一些说明
8	相关表格	参展商在筹展和布展过程中需要使用的各种表格，主要包括展览表格和展位搭建表格两种

以下是某展会的参展商手册目录中文版本，仅供参考。

【范本】参展商手册

参展商手册

目　录

（续）

二、参展商手册的重点关注内容

（一）展会规则信息

海外展会的参展商手册一般都把展会规则的条款写在前面。其内容主要为主办方设置的约束参展商的各种行为规范，从申请参展、分配摊位、布展和撤展、安全事宜，到免责条款和终止参展资格等。此外，还有对知识产权、分租摊位、展品类别、摊位使用、进场限制、摄影录像、参展证件、标语海报、应急机制、保险责任等的规定。

组展单位只有通读并理解这些要求后才能万无一失地组织参展活动。企业参展商只有充分了解规定后，才能高效安全地参加展会。

（二）展品类别划分信息

海外专业展会对展品按类别划分展区展示的工作特别认真。一般负责任的组展单位会把参展商手册中的类别划分告知参展商，让其展品在正确的展区中亮相。否则会由于展区不对应而影响买家及观众与参展商的沟通。因此，企业在展前必须关注自己是否被安排在正确的展区，这直接关系到参展的成败。

（三）刊登会刊信息

国内绝大部分组展单位和参展商对海外会刊的兴趣仅限于免费部分，其刊登的信息量也非常少，仅限于公司的名称和地址，一提到收费部分，就"免谈"了。

一些没有经验的参展者看不懂会刊中收费和免费的相关条款，全部都选择，不时出现展后让人追缴费用的被动局面。其实多交一点儿钱，将呈现在会刊上的信息登全，对参展商的宣传和推销极有好处。因为会刊的发行量很大，隐藏着不少的商机。

（四）刊登广告信息

海外较大的展会都有专门的媒体从事广告征集工作，主要有会刊广告、特刊广告、展讯广告（每日一次）、专业媒体广告。国内参展商很少有刊登者。不过，近年来国内名牌企业已开始注意此类广告。在参展商手册中会有相关条款告知如何获得优惠的版面和增值服务。

（五）演讲、高峰论坛、技术交流等活动信息

海外一些知名品牌的展会都会在参展商手册上预先告知主要的活动并邀请参展商参加。绝大部分企业参展商对此项内容不感兴趣，原因可能是企业实力不足、语言和费用方面存在障碍。

参展商如果能得到各级政府的一部分经费赞助，做出缜密的策划方案和实施细则，定会取得良好的效果。如果在展前与主办方取得共识，在展期举办"中国馆日活动"，宣传效果会更好。

（六）展览服务项目信息

很多组展单位不认真阅读海外主办方提供的服务项目，以为每项服务都会收费，其实不尽然。随着国际会展业的发展，竞争日益加剧，主办单位也会在人性化管理和延伸服务方面采取一些优惠措施，提供一些免费服务项目，如免费门票、免费赠阅会刊、免费上网服务、

免费穿梭巴士服务、免费城市交通服务、免费晚会活动项目等。当然，每个展会提供的内容不一样，需要组展单位与参展商仔细研读参展商手册。

以下提供参展相关表格范本供参考。

【范本】承建商资料申报表

承建商资料申报表

（英文版）

FORM 1	HKTDC Hong Kong International Lighting Fair (Autumn Edition) "香港贸易发展局" 香港国际秋季灯饰展 27-30/10/2019	Return to : Exhibition Services Department Hong Kong Trade Development Council 83 Chun Yat Street Tseung Kwan O Industrial Estate Tseung Kwan O, Kowloon, Hong Kong	
Deadline 12 Sep 2019	Custom-Built Participation Contractors' Information (For Custom-Built Participation Only)	Hall 1 Attn: Mr Abel Kwan Tel: ████ Fax: ████ ☒ ████@hktdc.org	Hall 3, 5 , Grand Hall & M4 Attn: Mr Aston Fong Tel: ████ Fax: ████ ☒ ████@hktdc.org

The following information **MUST** be completed with exhibitor's authorized signature & company chop and return together with copies of (1) Construction drawings; (2) (Proof of) payment of site work deposit; (3) Public Liability Insurance and (4) Electrical Contractor's Registration to the above mentioned.

1. **Exhibitor's Information**
   Company Name: _____
   Stand No.: _____ Stand Size: _____ x _____ m
   Contact Person: _____ Position: _____
   Tel: _____ Mobile Phone: _____ E-mail: _____
   Address: _____

2. **Contractor's Information**
   Company Name: _____
   Contact Person: _____ Position: _____
   Tel: _____ Mobile Phone: _____ E-mail: _____
   On-site Supervisor: _____ Mobile Phone: _____
   Address: _____

3. **Authorized Person/Registered Structure Engineer (AP/RSE)**
   (for certification of stand construction safety exceeding 2.5m in height after completion)
   Name of AP/RSE: _____ AP/RSE No.: _____
   Company Name: _____

4. **Site Work Deposit** (please refer to the following page for details)
   ☐ Cheque, cheque number: _____ Issuing Bank: _____
   ☐ Credit Card: ☐ Visa Card / ☐ Master Card   Card holder's name: _____
   Card No.: _____ - _____ - _____ - _____
   Expiry date: _____ / _____   Card holder's signature: _____

For Custom-built Participation Only (MUST BE RETURNED)

5. **Registered Electrical Contractor and Registered Electrical Worker**
(for certification of installation, inspection & testing of Electrical Installation (Form WR1) in pursuance to Electricity [Wiring] Regulations of Electricity Ordinance)

Registered Electrical Contractor: _____ Registration No.: _____

Contact Person: _____ Mobile Phone: _____ Fax: _____

Registered Electrical Worker: _____ Registration No.: _____

Grade: _____ Mobile Phone: _____ Fax: _____

I hereby authorize the above-appointed contractor(s) to liaise directly with HKTDC and confirm both contractor's and my compliance with the Rules & Regulations set by HKTDC.

Exhibitor's Signature & Company Chop: _____ Date: _____

Plans & Design Proposals & Insurance

For Custom-built Participation Exhibitors, Form 1 (Custom-built Participation Contractors' Information), construction drawings, site work deposit and a copy of valid public liability insurance should reach Mr Abel Kwan (_____@hktdc.org) (Hall 1) / Mr Aston Fong (_____@hktdc.org) (Hall 3, 5 & Grand Hall, M4), Exhibition Services Department, Hong Kong Trade Development Council no later than **12 September 2019**. Otherwise, a late charge of **HK$3,000 (US$400)** will be charged to the Exhibitor or its appointed contractor.

Drawings submitted must be in reasonable scale of at least 1:100, fully dimensioned and must contain information such as floor plan, stand elevation, electrical fittings, carpeting, colours and materials to be used, moving exhibits, audio-visual equipment, weights and point loading of exhibits etc. Any alterations after drawing submission should be addressed to the Organiser for review.

Site Work Deposit

Exhibitors/Contractors of custom-built participation are required to lodge a site work deposit of which will be collected based on **HK$300 / US$40 per sqm**. For two-storey construction stand, site work deposit is doubled. However, the **minimum and maximum deposit amounts are HK$5,000 (US$667) and HK$75,000 (US$10,000)** respectively.

All deposits will be **bank-in** and the amount will be refunded within **THREE months** after conclusion of the Fair if their exhibition sites are, in the Organiser's view, clear of damage to the exhibition hall and all rubbish are cleared according to the time schedule of the Organiser and without violating the conditions as stipulated under section 4.2.15 of Exhibitors' Manual. Otherwise, costs incurred by the Organiser will be deducted from the deposit.

Payment methods as below: (Please choose either one)

1) By Credit Card (Visa / Master Card)
Please provide the credit card number, expiry date, cardholder's name and signature to the Organiser for arrangement. Refund will be credited to payer's credit card account after deducting the handling charge, if applied.

2) By Cheque
Cheque must be issued from a bank in Hong Kong made payable to "Hong Kong Trade Development Council" and mail/deliver to:
    Mr Abel Kwan / Mr Aston Fong
    Exhibition Services Department
    Hong Kong Trade Development Council
    83 Chun Yat Street, Tseung Kwan O Industrial Estate
    Tseung Kwan O, Kowloon
    Hong Kong

Please indicate "<u>Site Work Deposit</u>" "<u>Fair name</u>" "<u>Stand number</u>" and "<u>Exhibitor's name</u>" on the back of the cheque. Refund will **ONLY** be arranged by cheque to that cheque account.

3) By Transfer
    HK$ Current Account No.: ███-███-███████-███
    Account Name : Hong Kong Trade Development Council
    Bank Name   : The Hongkong & Shanghai Banking Corporation

    Please indicate "<u>Site Work Deposit</u>" "<u>Fair name</u>" "<u>Stand number</u>" and "<u>Exhibitor's name</u>" on the payment receipt copy and email/fax to the Organiser. Refund will be arranged by cheque.

Remarks:
a) **All cash or cheque deposits without identifiable bank account details will not be accepted.**
b) The site work deposit should reach us by **12 September 2019**.
c) We do not accept payment by cheque after **12 September 2019**, please settle by transfer or credit card.

（中文版）

	HKTDC Hong Kong International Lighting Fair (Autumn Edition) "香港贸易发展局" 香港国际秋季灯饰展 27-30/10/2019	请交回： "香港贸易发展局" 展览服务部 香港 九龙 将军澳 将军澳工业邨 骏日街 83 号	
表格一			
截止日期 2019年9月12日	**承建商资料申报表** （只适用于特装参展）	展厅 1 号展厅 关志文先生 电话: (852) 22██ ████ 传真: (852) 21██ ████ ✉ abe██████@hktdc.org	展厅 3 号 5 号展厅、大会堂及 4 楼大会堂中楼 方咏鸿先生 电话: (852) 22██ ████ 传真: (852) 35██ ████ ✉ a█████@hktdc.org

只适用于特装参展　必须交回

以下资料必须填报并需参展商之授权签名及公司盖章。请连同（1）设计图则、（2）施工保证金或付款证明、（3）公众责任保险副本、（4）电力装置承建商之注册副本一并交回。

1. **参展商资料**
    公司名称：_____
    摊位编号：_____   面积：_____ × _____ 米
    联络人：_____   职位：_____
    电话：_____   移动电话：_____   电子邮箱：_____
    地址：_____

2. **承建商资料**
    公司名称：_____
    联络人：_____   职位：_____
    电话：_____   移动电话：_____   电子邮箱：_____
    临场负责人：_____   移动电话：_____
    地址：_____

3. **认可人士 / 注册结构工程师**
（以证明该超过 2.5 米高特装摊位的结构安全）

    认可人士 / 注册结构工程师姓名：_____ 注册编号：_____

    公司名称：_____

4. **施工保证金**（详情请参阅下页）
    ☐ 以支票方式，支票号码：_____ 发卡银行：_____

    ☐ 以信用卡方式：☐ Visa Card / ☐ Master Card   持卡人姓名：_____

    卡号：_____ — _____ — _____

    到期日期：_____ / _____   持卡人姓名：_____

5. **注册电业承办商及注册电业工程人员**
    ［根据香港电力条例的电力（线路）规例，电力安装、检查及测试方面的完工证明书（表格 WR1）]

    注册电业承办商名称：_____ 注册编号：_____

    联络人：_____ 移动电话：_____ 传真：_____

    注册电业工程人员姓名：_____ 注册编号：_____

    联络人：_____ 移动电话：_____ 传真：_____

本人特此授权上述承建商直接联络"香港贸易发展局"，商量有关事宜，我会遵守"香港贸易发展局"之守则。

参展商签名及公司盖章：_____   日期：_____

设计图则及保险
参展商或其委托之承建商须于 **2019 年 9 月 12 日** 或之前将表格一（承建商数据申报表）、设计图则、施工保证金、有效的保险单副本交到"香港贸易发展局"展览服务部关 × × 先生（abel.kwan@hktdc.org）号展厅）及方 × × 先生（anton.wh.fong@hktdc.org）（3 号展厅、5 号展厅、大会堂及 4 楼大会堂中楼）。否则主办机构会收取港元 **3 000 港元（400 美元）** 的逾期行政费。

图则比例必须不少于 1∶100，注明详尽尺寸的平面图及正视图、电力装置、地毯、用色及用料、流动展品、视听器材、展品重量及点荷载等数据。所有已提交到主办机构之图则如有改动，亦须交予主办机构审阅。

施工保证金
所有特装摊位的参展商 / 承建商必须缴纳施工保证金，保证金以 **每平方米 300 港元（40 美元）** 计算。搭建双层结构摊位必须缴纳双倍施工保证金。而 **最低及最高的金额为 5 000 港元（667 美元）及 75 000 港元（10 000 美元）**。

施工保证金将**存入银行**，假若主办机构认为摊位已清理妥当、装置并无任何损坏、在大会指定时间内完成及没有违反参展商手册第 4.2.15 条，保证金将于展会结束后 **3 个月**内退回。否则，主办机构所产生的费用将从保证金中扣除。

缴纳方式如下 :（请选其一）

1. 信用卡方式（VISA / Master Card）

   请提供信用卡号码、到期日期、持卡人姓名及签名，以供大会安排。保证金将会在扣除信用卡公司之手续费后〈如适用〉退回该信用卡账户。

2. 支票方式

   抬头"香港贸易发展局"，必须是香港银行可提款之支票，并邮寄或交到本局；
   地址 : 香港 九龙 将军澳 将军澳工业邨 骏日街 83 号
   "香港贸易发展局"展览服务部关志文先生 / 方咏鸿先生收

   支票背面请注明（施工保证金）、（展会名称）、（摊位号码）及（参展商名称）。保证金**只会**以支票形式退回。

3. 转账方式
   港元账户 : ░░░░-░░░-░░░░░░-░░░
   户口名称 : 香港贸易发展局
   银行名称 : 香港上海汇丰银行

   请于入账收据副本注明（施工保证金）、（展会名称）、（摊位号码）及（参展企业名称）并电邮 / 传真至主办机构。保证金会以支票形式退回。

备注 : a) **凡未能展示付款账户数据的现金或支票入账，恕不接受。**
   b) 施工保证金须于 **2019 年 9 月 12 日**或之前缴纳 / 入账。
   c) **2019 年 9 月 12 日**后恕不接受以支票方式缴纳施工保证金，请以转账或信用卡方式付款。

【范本】特装参展摊位供电及通信设施申请表

特装参展摊位供电及通信设施申请表

（英文版）

FORM 2	**HKTDC Hong Kong International Lighting Fair 2019 (Autumn Edition)** "香港贸易发展局" 香港国际秋季灯饰展 2019 *27-30/10/2019*	Return to : Exhibition Services Department Hong Kong Trade Development Council Unit 13, Expo Galleria, HKCEC, 1 Expo Drive, Wanchai, Hong Kong
Deadline 12 Sep 2019	**Electricity Supply & Communication Facilities (For Custom-built Participation Exhibitors Only)**	Attn : Ms. Sandy Law E-mail : ██████@hktdc.org Fax : (852) 3521-0456

No.		*Description of Facilities* (HK$ column for Hong Kong exhibitor only, US$ column for all overseas exhibitor)	Unit Rate (4 DAYS HIRE) HKD	Unit Rate (4 DAYS HIRE) USD	Qty	Total Amount HKD	Total Amount USD
		Electricity Supply					
1#	LG052	15Amp Single Phase (220V) for Lighting Connections AND Power Supply to Electrical Machine	6,200	827			
2#	LG040	30Amp Single Phase (220V) for Lighting Connections AND Power Supply to Electrical Machine	11,460	1,528			
3#	LG041	15Amp Three Phases (380V) for Lighting Connections AND Power Supply to Electrical Machine	17,435	2,325			
4#	LG042	30Amp Three Phases (380V) for Lighting Connections AND Power Supply to Electrical Machine	32,000	4,267			
5#	LG043	60Amp Three Phases (380V) for Lighting Connections AND Power Supply to Electrical Machine	61,520	8,203			
6#		Other request (subject to prior confirmation on unit price)					

For items 1 - 5, exhibitors must have their own electrician. The official contractor will not provide installation and connection services for these items. Total power consumption shall not exceed the current specified. In compliance with the Electricity Ordinance (Chapter 406) Electricity (Wiring) Regulations, all electrical installations, inspection and testing must be carried out by a registered electrical worker together with a registered electrical contractor. "Certification of installation, inspection & testing" (Form WR1) should be submitted to the **Official Electrical Contractor by 1,500 hrs** on the last move-in day. Failing to provide by 2,200 hrs on the last move-in day will result in suspension of electricity supply throughout the fair period.). The employer of the electrician shall be liable for any damages caused if the electrician fails to comply with the above requirements. The license of the electrician and the employer must be submitted to the HKTDC accompanied with this order form. No separate order for individual power socket. **Exhibitor should take full responsibility for daily on/off their own main switch and maintenance.**

		Additional Communications Facilities					
7#	CEC001+	Telephone Line with Handset for Local Calls (non-Direct Line) (A charge of HKD600 per set for lost and/or damaged of telephone set)	1,130	151			
8#	CEC002+	Telephone Line with Handset for Local & IDD Calls (A charge of HKD600 per set for lost and/or damaged of telephone set) (HKD2500 deposit payable to "HKCEC" and mail to Finance Dept, 1 Expo Drive, Wanchai, HK)	1,410	188			
9#	CEC003*	Fax Transmission Line for Local Fax Only (non-Direct Line) (Power socket & Fax Machine Excluded)	1,130	151			
10#	CEC004+*	Fax Transmission Line for Local & IDD Fax (Power Socket & Fax Machine Excluded) (HKD2500 deposit payable to "HKCEC" and mail to Finance Dept, 1 Expo Drive, Wanchai, HK)	1,410	188			
11#	CEC008+*	2M Broadband Line (Power Supply Excluded)(with access I.D.)(non-fixed I.P.) (HKD4000 deposit payable to "HKCEC" and mail to Finance Dept, 1 Expo Drive, Wanchai, HK)	2,545	339			

Exhibitors have to give the location plan of the additional communications facilities above. Any change in the location on-site would require an on-site relocation charge 50% of the rental rate.

20% surcharge for late order received after 12 Sep 2019
30% surcharge for late order received after 11 Oct 2019

+#*Please read the Conditions of Order clearly when you sign this Form HKTDC will not accept this Form submitted by booth contractor	**TOTAL AMOUNT**		

（续）

Application will only be proceeded with installation layout plan and full payment.

Authorization from Exhibitor

Company Name: _____ Booth No.: _____

Tel: _____ Fax: _____ E-mail: _____ Date: _____

Contact Person: _____ Position: _____ Signature: _____

Payment Method (Please see condition 6. No separate invoice will be issued)

☐ By Cheque (Payable to Hong Kong Trade Development Council)

Cheque No.: _____ Amount : HKD/USD _____ Date : _____

☐ By Credit Card (Hong Kong Dollar Only) ☐ VISA ☐ MASTER CARD

Name of Card Holder: _____ Card No.: _____

Expiry Date: _____ Amount: HKD _____ Signature: _____

Contact Information

	In-charge / 负责人	Telephone / 电话	E-mail / 电子邮箱
Hall 1BA – 1EE	Ms. Sandy Law / 罗伟琼小姐		
Hall 1CON	Ms. Sandy Law / 罗伟琼小姐		
Hall 1AA – 1AF	Ms. Nettie Ho / 何静仪小姐		
N1 / N2 /M2	Ms. Nettie Ho / 何静仪小姐		
Hall 3BA – 3DD	Ms. Iris Chung / 钟凯儿小姐		
Hall 3CON001 – 099	Ms. Iris Chung / 钟凯儿小姐		
Hall 3EA – 3EE	Ms. Cherie Chen / 陈旖小姐		
Hall 5BA – 5CG	Ms. Macy Wong / 黄美玲小姐		
Hall 5DA – 5EJ	Mr. Jack Chan / 陈俊才先生		
Hall 5CON / M4 / CR	Mr. Jack Chan / 陈俊才先生		
Grand Hall	Ms. Cherie Chen / 陈旖小姐		
Expo Drive	Ms. Nettie Ho / 何静仪小姐		

*Conditions of Order for **FORM 2***

1. All dimensions are in meter, L=length, W=width, H=height, D=depth.

2.# Location for installation of items marked with # must be clearly illustrated by exhibitor in sketch or drawing, e.g. booth layout plan or elevation.

3.* Electricity supply to facilities marked with * must be ordered separately unless otherwise stated. Exhibitor must order sockets separately.

4.+ For items marked with + deposit for each telephone/fax line or broadband line is payable to the venue operator. HKCEC (1 Expo Drive, Wanchai, HK. Attn: Finance Department) at time of collection of telephone sets and/or IDD line passwords. Deposit shall be settled by cash, credit card or company cheque at HKCEC service counter and shall be refunded to hirer after deduction of IDD charges incurred (Should IDD charges exceed deposit amount, difference will be payable by hire to HKCEC directly). HKCEC will charge HKD4,000.00 per set for the lost/ or damaged of the interface Modem or power adaptor.

5. In general, orders for the following services and equipment rental should be submitted to the Organiser before deadline given, otherwise a 20% surcharge will be imposed on the basic rates to orders accepted. Moreover, on-site orders if accepted are subject to a 30% surcharge on the basic rates.

6. All orders for services/equipment rental should be submitted with full payment together with any damage/security deposit if necessary. Orders without the required payment(s) will not be entertained. No separate invoice will be issued.

7. All equipment provided by the Organiser shall only be utilised within the Exhibition venue exclusively for the specified event(s).

8. Provisions of any services/equipment by the Organiser are subject to the availability of the required services/equipment at the time of ordering. Orders will be entertained on a "first come first serve" basis. However, the Organiser reserves the right not to entertain any orders received and in such cases, the users will be notified and cheque payment will be returned or refunded.

9. If by reason of force majeure, labour difficulties or shortages of materials or any other cause outside the control of the Organiser, the Organiser is unable to provide all or any of the services or equipment ordered during the whole or any part of the duration of the specified event, hirer's right shall be limited to the return of a corresponding proportion of the charges paid for such services or equipment.

10. Cancellation of orders will only be accepted in writing before the stipulated deadline for placing orders. All cancelled orders will be subject to a minimum of 30% cancellation charge.

11. Hirer shall be responsible for returning all rented equipment and related materials to the Organiser within one hour on the last open day following the close of the relevant event.

12. Hirer shall use the equipment in a careful and proper manner and in accordance with Rule and Regulations issued by the Organiser. Hirer is not allowed to make any alterations modifications, attachments and/or additions to the equipment rented.

13. Hirer shall be liable for any loss or damage to the equipment arising from the hirer's negligence, unintentional act, unauthorised maintenance or other cause within the reasonable control of hirer, its representative, employees, agents or invitees. In the event of any loss or damage to the equipment for which hirer is liable, the hirer shall reimburse the Organiser for all cost of making good or replacement.

14. Hirer shall be in default hereunder if hirer fails to pay any charges when due or any other indebtedness or fails to return the equipment to the Organiser after use.

15. At any time after the hirer's default , the Organiser may terminate the rental services, by notice to hirer and repossess the equipment. Hirer shall remain liable for all unpaid charges and the Organiser may apply and retain all or a portion of the hirer's security/damage deposit as may be necessary to compensate the Organiser for any unpaid charges or damages and expenses incurred on account of such default; or the Organiser may exercise any other rights occurring to a less or under any applicable law upon a default by lessee.

16. Exhibitors must order enough electricity supply. In case of overload, the organiser reserves the right to suspend the electricity supply until the problem is rectified by the exhibitor concerned.

17. The fee stated is exclusive of all taxes.Any local applicable tax on the participation of the Exhibition will be the responsibility of the Exhibitor. If there is any with holding or tax deduction that the Exhibitor would need to apply in accordance with the local laws on the payment to the Organiser, the Exhibitor shall gross up such payment such that the net amount paid to the Organiser shall be equal to the invoice price and as if no deduction and withholding has applied, and the Exhibitor shall be responsible for settling the withholding taxes to the relevant authorities on its own account.

（中文版）

表格二	**HKTDC Hong Kong International Lighting Fair 2019 (Autumn Edition)** "香港贸易发展局" 香港国际秋季灯饰展 2019 *27-30/10/2019*	请交回： "香港贸易发展局"，展览服务部 香港湾仔博览道一号 香港会议展览中心 博览商场 13 号
截止日期 2019年9月12日	**特装参展摊位 供电及通信设施申请表** （只适用于特装参展商）	联络：罗伟琼小姐 电邮：▒▒▒▒@hktdc.org 传真：(852) ▒▒▒▒▒▒▒

No.		申请项目 （香港参展商以港元付款，海外参展商以美元付款）	单价 （供四天使用）		数量	总金额	
			HKD	USD		HKD	USD
		租用额外供电设施					
1#	LG052	供电灯接线及小型电器用之 15 安培单相配电总制（220 伏特）	6 200	827			
2#	LG040	供电灯接线及小型电器用之 30 安培单相配电总制（220 伏特）	11 460	1 528			
3#	LG041	供电灯接线及小型电器用之 15 安培三相配电总制（380 伏特）	17 435	2 325			
4#	LG042	供电灯接线及小型电器用之 30 安培三相配电总制（380 伏特）	32 000	4 267			
5#	LG043	供电灯接线及小型电器用之 60 安培三相配电总制（380 伏特）	61 520	8 203			
6#		其他改动（价格另议）					

以上之电力供应，只供以特装参展形式参展商选用。
参展商如选择以上各项设施，必须聘有持牌电器工人。大会承建商将不会提供安装及接驳服务。 参展商不可使用超过项目上已标明的总电量。按电力条例〔第 406 章〕电力〔线路〕规例，所有电力安装、检查及测试**必须**由注册电业工程人员及注册电业承办商代行，并须签发表格 WR1 及于**最后进场日下午 3 时前交予大会电力承建商**，以兹证明。如未能于该晚 10 时前交妥，展期内将不获电力供应。如电器工人未能符合上述规例要求，则其雇主须负责赔偿因此造成的一切损失。参展商须于递交此表格时附上所聘用的电力工人名单及公司牌照副本。特装参展商如采用配电总制，应将所有配电要求计算在总制内，不能分拆租用独立插座。**参展商须负责其摊位之每日配电总制开关及维修。**

		租用额外通信设施					
7#	CEC001+	只供香港本地通话用的电话线及电话机（非直拨线） （如电话机遗失或损坏，每部收取 600 港元）	1 130	151			
8#	CEC002+	兼备国际直通电话服务的电话线及电话机 （如电话机遗失或损坏，每部收取 600 港元） （需缴纳 HKD2 500 保证金）	1 410	188			
9#	CEC003★	本港用图文传真线（不包括电源插座及传真机）（非直拨线）	1 130	151			
10#	CEC004+★	国际直通图文传真线（不包括电源插座及传真机） （需缴纳 HKD2 500 保证金）	1 410	188			
11#	CEC008+★	2M 宽频上网线（包括登入账户）（不包括电源插座）（不固定 I.P.） （需缴纳 HKD4 000 保证金）	2 545	339			

参展商须递交有关上述额外通信设施之位置图。所有现场位置更改须缴付有关设施租赁费之 50% 作为现场更改费用。

于 2019 年 9 月 12 日后交回须加百分之二十之附加费
于 2019 年 10 月 11 日后交回须加百分之三十之附加费

+#★请参阅一般守则 本局不接受以摊位承建商名义申请此表内的项目	总金额

（续）

申请必须附上规划图及全数款项方为有效

申请参展商

公司名称：_____　　　展台编号：_____

联络人：_____　职位：_____　电子邮箱：_____

电话：_____　传真：_____　签名：_____　日期：_____

付款方法 (请参阅说明六，本局不会另开发票)

☐ 支票 (抬头 "香港贸易发展局")

支票号码_____　所付款项：HKD / USD_____　日期：_____

☐ 信用卡 (只限港元)　☐ VISA　☐ Master Card

卡主名称：_____　信用卡号：_____

有效日期：_____　所付款项：HKD _____　签名：_____

联络数据

	In-charge / 负责人	Telephone / 电话	E-mail / 电子邮箱
Hall 1BA－1EE	Ms. Sandy Law / 罗伟琼小姐		
Hall 1CON	Ms. Sandy Law / 罗伟琼小姐		
Hall 1AA－1AF	Ms. Nettie Ho / 何静仪小姐		
N1 / N2 /M2	Ms. Nettie Ho / 何静仪小姐		
Hall 3BA－3DD	Ms. Iris Chung / 钟凯儿小姐		
Hall 3CON001－099	Ms. Iris Chung / 钟凯儿小姐		
Hall 3EA－3EE	Ms. Cherie Chen / 陈旖小姐		
Hall 5BA－5CG	Ms. Macy Wong / 黄美玲小姐		
Hall 5DA－5EJ	Mr. Jack Chan / 陈俊才先生		
Hall 5CON / M4 / CR	Mr. Jack Chan / 陈俊才先生		
Grand Hall	Ms. Cherie Chen / 陈旖小姐		
Expo Drive	Ms. Nettie Ho / 何静仪小姐		

〔申请表二〕一般守则

1. 表内长、宽、高、深等量度尺寸，全以米为单位。

2. # 参展商如租用带 # 号之设施，须以草图或绘图适当显示安放位置，如提供摊位设计图则或平视图。

3. ★ 租用带有 ★ 号之设施均不连电源装置，参展商必须另行申请插座。

4. ＋ 租用附有 ＋ 之设施，每条电话／传真线或宽频线须缴付订金，请于领取电话机及／或国际直通电话密码时付予场地管理机构"香港会议展览中心"（香港博览道 1 号，财务部收）。订金可以现金、信用卡或公司支票形式交往"香港会议展览中心"服务柜台。订金将于展览结束并扣除国际直通电话费后退还（如国际直通电话费金额超过订金，余数须由承租人直接付予"香港会议展览中心"）。

   如界面或调制／解调器或电源适配器遗失或损坏，"香港会议展览中心"将会每部收取 4 000 港元。

5. 一般而言，租用服务及设施的表格须于截止申请日期前交回主办机构，否则会在基本费用外加收 20% 附加费。此外，现场租借申请如获接纳，最少将加收基本费用的 30%。

6. 所有租用服务／设施申请表，必须连同全部费用一并交回，在需要时应加付保障／损坏保金，不附款项的申请表，概不受理。本局将不会另开发票。

7. 主办机构提供的所有设施只能在展览会场为该项活动专用。

8. 主办机构能否提供参展商所需的服务／设施，要视乎接到申请时有关服务／设施是否仍可供租用。申请表将以"先到先得"的方式处理，但主办机构保留不接纳申请的权利，遇此情况时当通知申请者取回支票或退款。

9. 如因不可抗力、劳工问题、物资短缺或其他非主办机构所能控制的因素，致使主办机构不能在指定活动进行期间，提供已租用的部分或全部服务或设施，承租人只能按比例取回已付出的服务或设施费用。

10. 取消租用服务／设施，必须于表上所载截止申请日期前以书面形式提出，主办机构对所有已取消的申请最少收取 30% 的取消费用。

11. 承租人须负责在最后一天展览活动结束后一小时内，将所有租用的设备及有关物料交回主办机构。

12. 承租人必须谨慎而正确地使用有关设施，遵守主办机构定下的条例和规则，不得擅自更改设施的用途和结构或增添附加装置。

13. 因承租人的疏忽、非蓄意行为，未经许可的维修或在租用者、其代表、雇员、代理人或所邀请访客可以控制的情况下对设施造成的损毁，承租人必须负责。主办机构因此更换设施或作出赔偿而涉及的所有费用，须由承租人缴付。

14. 承租人如未能如期缴款、偿付其他欠款或于设施使用完毕后未能交回主办机构，则作违约论。

15. 承租人违约，主办机构可在发出通知后，终止提供的租赁服务，收回租出的设施，承租人仍须负责所有未付款项。主办机构在需要时，有权申请扣除承租人所缴纳的部分或全部保障／损坏赔偿保证金，或根据法例行使其他索偿权利。

16. 参展商须申请足够供电。如用电超荷，主办机构有权立即终止向有关参展商供电。

17. 条款中所述的申请费并不包括任何税项。参展商将承担与参展有关的或附带发生的任何当地税项。若根据当地适用法律，参展商须对支付给主办机构的款项预提或扣除相关税款，参展商应返计还原有关款项，即支付给主办机构的净金额应等于发票上的金额，如就有关服务费用并未履行预提或扣除相关税款的纳税义务，参展商应当自行承担并向有关当局支付相关的预提税款。

【范本】RCBO供电装置申请表

RCBO 供电装置申请表

FORM 2A Optional	HKTDC Hong Kong International Lighting Fair 2019 (Autumn Edition) "香港贸易发展局" 香港国际秋季灯饰展 2019 27-30/10/2019	Return to : Exhibition Services Department HK Trade Development Council Unit 13, Expo Galleria, HKCEC, 1 Expo Drive, Wanchai, Hong Kong
Deadline 12 Sep 2019	*Electricity Supply - RCBO (For Custom-built Participation Exhibitors Only)*	Attn : Ms. Sandy Law E-mail : ▓▓▓▓@hktdc.org Fax : (852) 3521-0498

To facilitate quicker and effective electricity supply for custom-built booths, Exhibition Services Department kindly introduce RCBO, an innovative electricity supply system, to all raw space exhibitors / contractors.

RCBO with independent socket can protect from electric leakage, fault current and overloaded current. Each RCBO is able to provide 4, 6 or 12 sockets (1,500W each), which required Single Phase 30A, Three Phase 15A or Three Phase 30A electricity supply respectively.

Each socket is protected from electric leakage, fault current and overloaded current independently. In other words, electricity supply for appliances in the same circuit with the faulty appliance will not be affected while RCBO would immediately stop electricity supply for the faulty one.

[为了更快捷及有效率地向自建摊位供应电力，展会服务部诚意介绍一项最新的供电装置。
RCBO 是一个拥有独立供电的保护装置。每个独立保护的供电装置可提供 4、6 或 12 个独立插座 (每个上限 1.5 千瓦)，分别提供 30 安培单相、15 安培三相或 30 安培三相的电源。装置可为每个插座提供独立保护，而不影响同组正常的用电设备。每个独立插座在发生漏电，出现故障电流及超出负荷的电流时能立即切断供电。]

No.	Description of Facilities (HKD column for Hong Kong exhibitor only, USD column for all overseas exhibitor)		Unit Rate (4 DAYS HIRE)		Qty	Total Amount	
			HKD	USD		HKD	USD
	Electricity Supply – RCBO						
1#*	LG059	15Amp Three Phases (220V) with **individual fuse** for Lighting Connections AND Power Supply to Electrical Machine (6 sockets) [供电灯接线 (有独立保险丝) 及小型电器用之 15 安培三相配电总制 (6 个独立插座)]	20,010	2,668			
2#*	LG060	30Amp Single Phase (220V) with **individual fuse** for Lighting Connections AND Power Supply to Electrical Machine (4 sockets) [供电灯接线 (有独立保险丝) 及小型电器用之 30 安培三相配电总制 (4 个独立插座)]	13,300	1,773			
3#*	LG061	30Amp Three Phases (220V) with **individual fuse** for Lighting Connections AND Power Supply to Electrical Machine (12 sockets) [供电灯接线 (有独立保险丝) 及小型电器用之 30 安培三相配电总制 (12 个独立插座)]	37,855	5,047			
	20% surcharge for late order received after 12 Sep 2019						
	30% surcharge for late order received after 11 Oct 2019						
	*# * Please read the Conditions of Order clearly before you sign this Form* ** NO Exchange and NO Refund for Standard facilities* ** No On-site Order* **Exhibitors must have their own electrician. The official contractor will not provide installation and connection services for these items. Total power consumption shall not exceed the current specified.** *Please note that all electricians working in the exhibition hall must comply with the subsidiary regulation in the Government Electricity Ordinance - Electricity (Registration). The employer of the electrician shall be liable for any damage caused if the electrician fails to comply with the above requirements. The license of the electrician and the employer must be submitted to the Hong Kong Trade Development Council accompanied with this order form.* **Exhibitor should take full responsibility for daily on/off their own main switch and maintenance.**		TOTAL AMOUNT				

（续）

Application will only be proceeded with installation layout plan and full payment
Authorization from Exhibitor
Company Name: _____ Booth No.: _____
Tel: _____ Fax: _____ E-mail: _____ Date: _____
Contact Person: _____ Position: _____ Signature: _____
Payment Method (Please see condition 6. No separate invoice will be issued)
□ By Cheque (Payable to Hong Kong Trade Development Council)
Cheque No.: _____ Amount : HKD/USD _____ Date : _____
□ By Credit Card (Hong Kong Dollar Only) □ VISA □ MASTER CARD
Name of Card Holder: _____ Card No.: _____
Expiry Date: _____ Amount: HKD_____ Signature: _____

Contact Information

	In-charge / 负责人	Telephone / 电话	E-mail / 电子邮箱
Hall 1BA – 1EE	Ms. Sandy Law / 罗伟琼小姐		
Hall 1CON	Ms. Sandy Law / 罗伟琼小姐		
Hall 1AA – 1AF	Ms. Nettie Ho / 何静仪小姐		
N1 / N2 /M2	Ms. Nettie Ho / 何静仪小姐		
Hall 3BA – 3DD	Ms. Iris Chung / 钟凯儿小姐		
Hall 3CON001 – 099	Ms. Iris Chung / 钟凯儿小姐		
Hall 3EA – 3EE	Ms. Cherie Chen / 陈旖小姐		
Hall 5BA – 5CG	Ms. Macy Wong / 黄美玲小姐		
Hall 5DA – 5EJ	Mr. Jack Chan / 陈俊才先生		
Hall 5CON / M4 / CR	Mr. Jack Chan / 陈俊才先生		
Grand Hall	Ms. Cherie Chen / 陈旖小姐		
Expo Drive	Ms. Nettie Ho / 何静仪小姐		

【范本】参展公司名称及资料

Exhibitor's Company Name and Information
（参展公司名称及资料）

Deadline

（截止日期：＿＿＿＿＿＿＿）

Fax back to

（传真：＿＿＿＿＿＿＿）

Ⅰ. Information of Exhibitor（参展公司）

Person-in-charge （负责人）		Position （职位）	
Person to contact （联络人）		Position （职位）	
Company （公司名称）			
Address （地址）			
Tel （电话）		Fax （传真）	E-mail （电子邮箱）

Ⅱ. Exhibitor's Contractor/for Warder（参展商之承建商／运输代理）

Exhibitors must submit the name, address of their contractor and forwarding agent to the Organizer for approval before the deadline indicated.

（参展商须在指定日期之前将其摊位承建商及运输代理之数据交予主办单位核准。）

Our contractor （本公司之承建商）			
Person to contact （联络人）		Position （职位）	
Company （公司名称）			

（续）

Address （地址）					
Tel （电话）		Fax （传真）		E-mail （电子邮箱）	
Our forwarder （本公司之运输代理）					
Person to contact （联络人）			Position （职位）		
Company （公司名称）					
Address （地址）					
Tel （电话）		Fax （传真）		E-mail （电子邮箱）	

Ⅲ. We apply for arrangements of the following（本公司申请下列的特别安排）：

（Please put a "×" in the appropriate boxes where you want to apply for the special arrangement and supply details of requirement. Quotation of cost will be sent to you later.）

（请用 × 在下列适当空格内选择所需的大会特别安排服务及填写服务详情，大会将尽快列出所需服务的报价。）

1	☐ Contractor for designing and decorating our booth （设计及装饰摊位的工程公司）	4. ☐ Printing services（catalogs, etc.） ［印刷服务（如产品目录）］
2	☐ Forwarder for delivering our exhibits （货运公司）	5. ☐ Others（Please specify） ［其他（请列明）］
3	☐ Travel and accommodation arrangement （安排旅游及酒店住宿）	

（续）

Exhibitor's Authorization （负责人）			
Name （姓名）		Position （职位）	
Company （公司名称）		Booth No. （摊位号）	
Tel （电话）		E-mail （电子邮箱）	
Date （日期）		Signature & Company Chop/Stamp （签署及公司盖章） Fax （传真）	

【范本】场刊广告

Exhibition Guide Advertisement
（场刊广告）

Deadline

（截止日期：_____）

Fax back to

（传真：_____）

Apart from publicizing the Exhibition through various media, the Organizer will publish an Exhibition Guide which will be distributed to qualified visitors during the Exhibition. Advertisements are accepted.

（主办单位除利用各种媒介来宣传展会外，还将出版展会场刊。参展商可在场刊刊登广告。）

Mechanical data of the EXHIBITION GUIDE are as follows.（展会场刊资料如下）。

1. Size: 21 cm（W）× 28.5 cm（H）			1. 场刊尺码：21 厘米（宽）× 28.5 厘米（高）	
2. Advertisement Size	i.	Full page: 18.5 cm（W）× 26 cm（H）	2. 广告尺码：	（i）全页：18.5 厘米（宽）× 26 厘米（高）

（续）

2. Advertisement Size	ii.	Bleed page: 21.5 cm (W) × 29 cm (H)	2. 广告尺码：	（ii）出血全页：21.5 厘米（宽）× 29 厘米（高）
3. Method of Printing: Offset			3. 印刷方式：平板印刷	

4. Advertising Materials（广告资料）

Send camera ready artwork or positive films for black and white advertisement, positive or colour separation films with complete set of progressive proofs for colour advertisement.

［黑白广告请提供正稿及底片，四色广告则需要分色片（正片）及打印稿一套。］

5. Deadline for submitting advertising materials: July 25, 2013.

（广告数据截止日期：2013 年 7 月 25 日。）

6. Advertising Rates（广告价目）

	4C（四色）	B/W（单色）
Back Cover　　　　　　（封底）	US$____	–
Inside Front Cover　　　（封二）	US$____	–
Inside Back Cover　　　（封三）	US$____	–
Inside Full Page（R.O.P.）　（内页整版）	US$____	US$____

★ Fixed position for Full Page: rate + 10%.（指定位置按定价附加 10%。）

（Charge for finished artwork and colour separation is not included.）（插图及分色费用另计。）

Advertising Order（所需场刊广告）

We apply for booking the following advertising page（s）in the EXHIBITION GUIDE:（本公司拟预订：）

	4C（四色）	B/W（单色）	Quantity（所需页数）
Back Cover　　　　　　（封底）			
Inside Front Cover　　　（封二）			
Inside Back Cover　　　（封三）			
Inside Full Page（R.O.P.）　（内页整版）			

TOTAL ADVERTISING FEE（广告费用合计）：_____

Enclosed is a cheque amounted for the advance payment of the advertising fee. ★

* A remittance of 100% of the cost MUST be forwarded with this order. Cheque should be crossed and made payable to ×× or remittance to Account No..

（现附上支票，合计为预先缴纳的场刊广告费用。★）

（★请将划线支票连同此表格一并寄回，支票抬头请写 ×× 或汇款到相关账号。）

Exhibitor's Authorization（负责人）

Name（姓名）		Position（职位）	
Company（公司名称）		Booth No.（摊位）	
Tel（电话）		E-mail（电子邮箱）	
Fax（传真）		Signature & Company Chop/Stamp（签名及公司盖章）	

【范本】场刊介绍——参展商公司及展品介绍

Exhibition Guide Entry（Ⅰ）——Exhibitor's Profile and Exhibits
（场刊介绍——参展商及展品介绍）

Deadline
（截止日期：_____）

Fax back to
（传真：_____）

All participating firms are entitled to a free description of their company and listing of their exhibits in the Exhibition Guide. Exhibitors must submit their own write-up（max. 200 words）and the Organizer is not responsible for producing such write-up. No late entry will be accepted.（Advertising slogans and the like must not be included. Copy is liable to editing and proofs will not be submitted for approval.）

主办单位将在展会场刊内免费介绍各参展商及其展品，但参展商须自行来稿，以两百字为限。若未能按时将此表格连同文稿寄回，主办单位将不负责刊出贵公司任何资料（公司及展品介绍文稿内不可有任何宣传字句。主办单位有权删除此类内容，而最后的定稿不会交予参展商审阅）。

				Booth No.（摊位号）	
Exhibitor's Name （参展商名称）	English （英文）				
	Chinese （中文）				
Address （地址）	English （英文）				
			Postal code （邮编）		
	Chinese （中文）				
			Postal code （邮编）		
Tel （电话）		Fax （传真）			
Website （网址）		E-mail （电子邮箱）			
Exhibitor's Country of Origin （参展商所属国家）					
Suppliers/ Principals Represented （海外供货商名称）					
	Country （国家）				
Agents Represented （代理商名称）					
	Country （国家）				

（续）

Brief Description of Company/ Exhibits（in both Chinese and English, max. 100 words for each language） ［公司／展品简介（中文及英文，各100字为限）］

Exhibitor's Authorization （负责人）			
Name （姓名）		Position （职位）	
Company （公司名称）		Booth No. （摊位）	
Tel （电话）		E-mail （电子邮箱）	
Fax （传真）		Signature & Company Chop/Stamp （签名及公司盖章）	
Date （日期）			

【范本】场馆室内外广告位置申请表

Indoor & Outdoor Advertising Signs

（场馆室内外广告位置申请表）

Deadline

（截止日期：_____）

Fax back to

（传真：_____）

No. （序号）	Item （广告类别）	Location No. （位置号）		Size （尺寸）M（米） （长L×高H）	Unit Cost （单价） （RMB）	Quantity （数量）	Amount （费用）
1	Outdoor Hall Banner（户外墙体条幅）	Hall 2-5（2~5号馆）	2-1（3）				
			3-1（3）	10m×10m	29 000		
			4-1（3）	10m×12m	29 000		
			5-1（3）				
			2（3/4/5）-2	24m×4m	29 000		
				24m×6m	33 500		
2	Indoor Hall Banner（馆内条幅）	Hall 2-5（2~5号馆）	Wall of Mezzanine Floor between Hall 2-3（2~3号馆连接处）				
			Wall of Mezzanine Floor between Hall 3-4（3~4号馆连接处）	18m×2m	10 000		
				7m×8m	15 000		
			Wall of Mezzanine Floor between Hall 4-5（4~5号馆连接处）				
3	Indoor Hall Banner（馆内条幅）		Above your Booth（展台上方）	Less than 20kg（20千克以下）	600		
4	Outdoor Hall Banner（户外墙体条幅）	Front Wall of Hall 1（1号馆正面）	1A（B）-1	10m×12m	33 500		
			1A（B）-2	13m×7.5m	29 000		
			1A（B）-3	24m×6m	33 500		
				24m×8m	40 000		
			1A（B）-4	24m×3m	18 000		
			1A（B）-5	24m×4m	29 000		

（续表）

No.（序号）	Item（广告类别）	Location No.（位置号）	Size（尺寸）M（米）（长 L× 高 H）	Unit Cost（单价）（RMB）	Quantity（数量）	Amount（费用）
5	Balloon Banner（气球条幅）	Front Wall of Hall 1（1 号馆正面）	1.4m × 15m	7 500		
6	Road Flag（路旗）	Front Wall of Hall 1（1 号馆正面）	0.45m × 1.5m	350		
7	Flags on Lamppost（灯杆旗）	Front Wall of Hall 2 3 4 5（2、3、4、5 号馆正面）	1m × 1.5m	500		
8	Flag Row（串旗）	Above Hall 2−5（2~5 号馆上空）	1m × 1.5m	10 000		
					Total（总计）	

Note: Official invoice will be provided after we receive your order. The order will be effective as you pay the costs in accordance with the said terms. Cheques are to be made payable to ＿＿＿＿＿＿ Machinery Equipment Co.,Ltd. Exhibitors can also pay directly to the Bank of China Sub−branch, Account No.: ＿＿＿＿＿＿, SWIFT CODE: ＿＿＿＿＿＿.

（注：在收到您的订单后，我们将为您开出付款通知。您只有在收到付款通知并且在付款通知上的截止日期前付款，您的订单才会生效。支票、直接汇款到＿＿＿＿，账号：＿＿＿＿，收款单位：＿＿＿＿。）

Remarks & Conditions:

（1）The advertising charges include occupancy, production, set−up and removal of the display materials.

The advertising charges exclude design.

（2）All applications are on a first−come, first−served basis. However Exhibitors will have the priority to choose the advertising locations that are inside their exhibiting halls. The Organizer reserves the right not to accept any orders received and in such cases, the users will be notified accordingly.

（3）100% of the cost MUST be paid within 10 days after submitting the order and receiving confirmation from the organizer.

（4）Cancellation of orders will be accepted only in writing and not less than 30 days before the start of the Exhibition. All cancelled orders will be subject to a 30% cancellation charge.

（5）The design of all display materials should reach the Organizer's Office before Sep. 1, 2013.

（6）No warranty can be given for the promised service and the Organizer shall not be liable for any loss in the event of the late delivery of the design, or the late receipt of payment.

（7）Display materials will not be returned except with written request in advance. The Organizer shall not be liable for any damage of the display materials during the course of the service.

（8）In case of majeure like strong wind（force 4 or stronger）, the lifting and installation of outdoor advertising signs, like balloons will have to be cancelled. If the majeure lasts for over 2 days（over 48 hours）, the advertising costs can be refunded partially as follows: number of loss days × average price per day × 40%. If the majeure lasts less than 2 days（less than 48 hours）, the payment will not be refunded.

（9）This order is governed by the Law of ××.

［注意事项及规则

（1）广告收费包含基本租金、制作、安装及拆卸的费用。

广告收费不包含设计费用。

（2）广告位置及数量有限，申请以先到先得为标准。然而参展商在其展出的场馆内，可优先选择广告位置。主办单位有权拒绝任何申请，并会在这种情况下通知有关参展商。

（3）参展商必须于提交申请及收到大会确认后 10 天内全数缴纳广告费用。

（4）取消申请必须于开展前至少 30 日以书面方式通知主办单位。所有取消的申请将收取 30% 的服务费。

（5）所有悬挂物设计方案必须于 2013 年 9 月 1 日前送交主办单位办事处。

（6）如参展商未能如期缴款及提交展示物，主办单位将不保证为客户如期提供所申请之服务，因此而引起的损失，主办单位概不负责。

（7）如参展商需要取回悬挂物，必须在申请表上示明。如悬挂物在展示期间或工作过程中有任何损坏，主办单位概不负责。

（8）户外广告如气球，若遇大风（四级以上）等不可抗因素，将停止悬挂。两天以上（48 小时以上），可按损失天数 × 平均每天广告费 ×40% 退还部分广告费，两天以内（48 小时以内）不退广告费。

（9）所有申请事项受 ×× 国政府法例管制。］

【范本】技术交流会

Seminars
（技术交流会）

Deadline

（截止日期：＿＿＿＿＿＿＿）

Fax back to

（传真：＿＿＿＿＿＿＿＿）

Exhibitors are invited to present seminars on topics relating to the Exhibition.

（参展商可举办主题与展会相关的技术交流会。）

The seminar package includes room rental（seating capacity about 50 persons）and listing in the pre-show promotional materials and the Exhibition Guide available to all visitors.

［开办技术交流会的费用包括会议室租金（约50人会议室）以及把数据刊登于展前材料和场刊上的费用。］

Seminar Fees（费用）	Date（日期）	Sep.25（9月25日）	Sep.26（9月26日）	Sep.27（9月27日）
US$440 PER 60 Minute Session（每一环节60分钟，440美元）	Morning（上午）		B	D
	Afternoon（下午）	A	C	

1. Total Number of Sessions（所需环节数）：					
Sessions to be（交流会的形式）：□ Continuous（连续式）□ On different days（非连续式） As per the table above, the order of preferences for the date and time of the presentation is: （依照上表，希望举办技术交流会的日期及时间的优先次序为）：					
（1）		（2）		（3）	（4）
Expected number of attendees（预计与会者数目）： ［Note: Sessions are limited. First come, first served.（注：环节数有限，先到先得。）］					
2. Name of Speaker（讲演者姓名）：			Title（职衔）：		
3. Proposed Topic of Presentation（建议的会议题目）：					

（续）

4. Please provide a 300-word synopsis of the proposed topic with this application. （请提供300字的会议内容大纲。） The proposed paper is subject to the approval and acceptance of the Organizer. The speakers will have to bring their own copies for distribution. （所建议的会议题目及内容必须经由主办单位批准及接纳。演讲者需自行准备交流会讲义派发给听众。）
5. Applicants may bring their own presentation equipment. For those who wish to hire extra equipment or services, please indicate below（subject to quotation and availability）. ［参展商可自备所需的视听设备。如欲使用下列的额外设备及服务，请填上××（待报价及视乎场地有否提供该设备）。］ □ Overhead projector（投影仪） □ 35mm manual slide projector（35毫米手提幻灯片投影仪） □ LCD projector（液晶投影仪） □ Video player + TV, please specify（录像机及电视，请列明） □ Grand lecture hall with capacity of more than 100 seatings（可容纳100名观众以上的大型演讲厅） □ Interpreter（传译员） □ Others, please specify（其他，请列明）

6. Audience Invitation 观众邀请	
By the Exhibitor only （参展商自行安排）	By the Exhibitor and Organizer （参展商及主办单位合作安排）

Note（注）：

（1）Please photocopy this form for multiple applications.（如有需要，请复印此表格。）

（2）A 50% surcharge will be imposed on late applications.（如在截止日期后申请，需付百分之五十的附加费。）

（3）A remittance of 100% of the cost MUST be forwarded with this order. Cheque should be crossed and made payable to.

（请将划线支票连同此表格一并寄回，并填写支票抬头。）

Exhibitor's Authorization （负责人）			
Name （姓名）		Position （职位）	
Company （公司名称）		Booth No. （摊位号）	

（续）

Tel （电话）		E-mail （电子邮箱）	
Fax （传真）		Signature & Company Chop/Stamp （签名及公司盖章）	

【范本】参展人员证章

Badges for Exhibitor's Personnel
（参展人员证章）

Deadline

（截止日期：＿＿＿＿＿＿＿＿）

Fax back to

（传真：＿＿＿＿＿＿＿＿＿）

Exhibitor's personnel at the Exhibition have to wear badges throughout the show period for identification, otherwise they will not be admitted into the Exhibition Hall. Please indicate the names of your personnel at the Exhibition and put an asterisk（*）next to those with photos.（Exhibitor's badges are not applicable to booth construction and freight forwarding workers.）

［展览期间，参展的工作人员必须佩戴主办单位所发的证章以兹识别。请填写工作人员的姓名并在有照片者旁边加上*号。（参展人员证章不适用于装潢及货运工作人员。）］

Full Name （中英文姓名）	Sex （性别）	Position （职位）	Company （公司）

（续）

Exhibitor's Authorization （负责人）			
Name （姓名）		Position （职位）	
Company （公司名称）		Booth No. （摊位号）	
Tel （电话）		E−mail （电子邮箱）	
Fax （传真）		Signature & Company Chop/Stamp （签名及公司盖章）	
Date （日期）			

【范本】人力服务

Manpower Services

（人力服务）

1. 翻译员（Interpreter）

请√选择	语种	所需人数	开始工作日期	结束工作日期	费用 150.00 美元/天	合计费用（美元）
	英语					
	日语					
	德语					
	法语					

2. 产品讲解员（Explainer）

（对展品技术只作中文解释。）（explaining ordinary techniques of exhibits in Chinese, but no interpretation.）

请√选择	讲解员	所需人数	开始工作日期	结束工作日期	费用 120.00 美元/天	合计费用（美元）

（续）

3. 临时工作人员（Temporary working staff） （普通服务，如清洁、准备茶水。）（general services, e.g. cleaning, preparing tea.）						
请√选择	临时工作 人员	所需人数	开始工作 日期	结束工作日期	费用 100.00 美元 / 天	合计费用 （美元）

◎ 因展会将吸引各国参观者，我们建议参展商雇用临时翻译或解说员。

◎ 参展商将为展台临时雇员的安全负责。组织单位不为此类工作人员可能造成的任何损坏或损失负责。

◎ 以上报价在周六、周日及公共假日将加倍。

【范本】签证用邀请函

Visa Invitation Letter
（签证用邀请函）

Deadline

（截止日期：_____）

Fax back to

（传真：_____）

All participants（except holders of China Re-Entry Permit）are required to have an Invitation Letter from the Chinese Organizer for visa application.

（所有中国以外的人士，在进入中国前必须申请签证。我们可以给您提供签证邀请函。）

Cost：US$ 40.00 per person（7 working days）.

［费用：每份签证邀请函收费 40.00 美元（7 个工作日）。］

All details must be same as on the passport.（填写的资料必须和护照一致。）

Mr./Mrs./Ms.（先生 / 太太 / 女士）：_____	
Surname（姓）_____Given Name（名）：_____	
Company（公司）：_____	

（续）

Co. Address（公司地址）：_____

Tel（电话）：_____ Fax（传真）：_____ E-mail（电子邮箱）：_____

Nationality（国籍）：_____ Passport No.（护照号码）：_____

Date of birth（出生日期）：_____ Occupation（职业）：_____

Arrival & Departure Date（抵达及离开日期）：_____

Information of ×× Embassy where the visa to be applied（申请签证之 ×× 国领事馆）：_____

Address（地址）：_____

Tel（电话）：_____ Fax（传真）：_____

Please photocopy this form for more than one application.

（如申请人超过 1 人，请影印此表格。）

Fax back to（传真）：_____

··

【范本】电话/传真/互联网及其他特别安排

··

Application for Telephone/Fax/Internet and Other Special Arrangements
（电话 / 传真 / 互联网及其他特别安排）

Deadline

（截止日期：_____）

Fax back to

（传真：_____）

Please use this form to order your additional services and utilities.（参展商需要任何额外服务及设施，请填交此表格。）

Telephone / Fax（电话 / 传真）

Items （项目）	Rent （租金）	Deposit （订金）	Total （总收费）	Quantity Ordered （所需数量）
1. Telephone（Line set included）[电话（联机线路）]				
a. IDD（国外长途）				

99

（续）

Items （项目）	Rent （租金）	Deposit （订金）	Total （总收费）	Quantity Ordered （所需数量）
b. DDD（国内长途）				
c. Local（市内电话）				
2. Fax（Receiver and line set included）[传真（带听筒、联机线路接驳）]				
a. IDD（国外长途）				
b. DDD（国内长途）				
3. Internet（互联网）				
a. Dial Up Access（拨号上网）				
b. FTTP+LAN Broadband （FTTP+LAN 宽带）				
c.WLAN（无线局域网）				
			Total（共）：	

REMARKS（注）：

1. Rental for local phones covers city communication expenses.

（市内电话租金含通话费。）

2. Communication expenses of IDD and DDD shall be paid off from the deposit. The balance will be either refunded or surcharged as the cost may be.

（长途通话费将从订金中扣除，多退少补。）

3. Please indicate the location of Telephone/Fax/Internet on Fig. B of Form 6. Any amendment onsite will be subject to a 50% handling charge.

（请在表中注明电话、传真及互联网的安装位置。现场更改位置须收取百分之五十的服务费。）

Special Arrangements（特别安排）

Items （项目）			Cost Per Unit （单价）	Quantity （数量）	Amount （费用）
1. Compressed Air（Oil and water filter excluded）[压缩空气（不包括油、水过滤器）]					
	Exhaustion （排气量）（m³/min）	Pressure（压力） （kgf/cm²）			

（续）

Items （项目）			Cost Per Unit （单价）	Quantity （数量）	Amount （费用）
0.5HP	0.025	6			US$
1HP	0.08	7			US$
2HP	0.14	7			US$
3HP	0.25	7			US$
5HP	0.4	7			US$
10HP	0.9	7			US$
2．Water Connector（水源接驳）					
For Washbasin Use（洗手盆用） ［Pressure（压力）：2kg/cm² （BAR），Diameter （口径）：15mm, Rate of flow（流量）：2m³/hour）					US$
For Machine Use（机器用水） ［（Pressure（压力）：2kg/cm² （BAR），Diameter （口径）：15mm, Rate of flow（流量）：2m³/hour）]					US$

Exhibitor's Authorization （负责人）			
Name （姓名）		Position （职位）	
Company （公司名称）		Booth No. （摊位号）	
Tel （电话）		E-mail （电子邮箱）	
Fax （传真）		Signature & Company Chop/Stamp （签名及公司盖章）	
Date （日期）			

【范本】额外电力申请

Electrical Services
（额外电力申请）

In addition to items provided for the standard shell scheme booths, we would like to hire additional electrical fittings as listed below from the Official Contractor for the exhibition period use:

（除标准摊位基本供应外，本公司申请下列额外电力在展会期间使用：）

Additional Electrical Installation（额外电力安装）

Standard Provision: One 13 Amp（500W）single phase power outlet and two fluorescent tubes per each 9 sq.m. shell scheme booth.［9m² 标准摊位备有一个 13 安培单相电力插座（500W）及两支光管。］

Item（项目）	Cost Per Unit（单价）	Quantity（数量）	Amount（费用）
LIGHTINGS & SINGLE PHASE POWER SUPPLY（inclusive of energy consumed）[电灯装置及单相电力插座（包括电力消耗）]]			
1. 1,220mm（4 feet）single fluorescent tube 40W （1 220 毫米 40 瓦特单枝光管）			US$
2. Spotlight 100W （100 瓦特射灯）			US$
3. Arm Spotlight 100W （100 瓦特射灯连伸展臂）			US$
4. 13 Amp, single phase 220V 50Hz（+/−10）socket（5A fuse）［13 安培单相 220V、50Hz（+/−10）插座（5A 保险丝）］			US$
5. 15 Amp, single phase 220V 50Hz（+/−10）socket（5A fuse, 1,000W）［15 安培单相 220V、50Hz（+/−10）插座（5A 保险丝，1 000 瓦特）］			US$
THREE PHASE POWER SUPPLY（inclusive of energy consumed plus and connection）[三相电源供应（包括电力消耗及安装）]]			
6. 15 Amp, three phase 380V 50Hz（+/−10）- for machine ［15 安培三相 380V、50Hz（+/−10）—— 机械用电］			US$
7. 30 Amp, three phase 380V 50Hz（+/−10）- for machine ［30 安培三相 380V、50Hz（+/−10）—— 机械用电］			US$

（续）

Item（项目）	Cost Per Unit（单价）	Quantity（数量）	Amount（费用）
8.　60 Amp, three phase 380V 50Hz（+/−10）– for machine ［60 安培三相 380V、50Hz（+/−10）—— 机械用电］			US$
9.　100 Amp, three phase 380V 50Hz（+/−10）– for machine ［100 安培三相 380V、50Hz（+/−10）—— 机械用电］			US$
10.　15 Amp, three phase 380V 50Hz（+/−）– for lighting ［15 安培三相 380V、50Hz（+/−）—— 照明用电］			US$
11.　30 Amp, three phase 380V 50Hz（+/−）– for lighting ［30 安培三相 380V、50Hz（+/−）—— 照明用电］			US$
12.　Labour to hook−up（lighting up to 100W lamp）（电灯接驳，最高 100 瓦特）			US$
13.　Lighting Connection up to 100W（including wiring）［电灯接驳，最高 100 瓦特（含配线）］			US$
14.　Labour to hook−up（lighting up to 200W lamp）［电灯接驳（最高 200 瓦特）］			US$
15.　Labour to hook−up（lighting up to 300W lamp）［电灯接驳（最高 300 瓦特）］			US$

We do not require the above.（本公司不需要以上各项设备。）

Note:

1. It is essential that you indicate the required location of the power outlets and lamps on Form 6.

2. Please study the "Terms and Conditions" overleaf carefully.

3. Electrical consumption is included in the above charges.

4. All sockets or mains are for machine operation only, not for lighting. One socket / main for one machine. No multiplug is permitted.

5. For single machine power mains, no tee−off and interconnection of the service cable is allowed. Each service line is for a single unit of equipment only.

6. The exact locations of all electricity orders should be indicated on Form 6 or submitted to the Organizer. Any amendment on site for the position of lamps and power sockets will be treated as a new order. Any change of power main will be subject to a 50% of handling charge.

（注：

1. 请在上表中标示电力及灯光之位置。

2. 请认真阅读下页的"申请条件及规则"。

3. 价格已包含电力消耗费用。

4. 所有插座／电源只供接驳机械，不可用作电灯接驳。一机一插座／电源。不可使用万能插座。

5. 不可将电源内的电线进行分拆及连接。每一个电源只可接驳一台设备。

6. 参展商必须在表格 6 注明电力装置的位置，或提交电力装置的位置图。现场更改电灯及插座位置将作新工程处理。更改电源位置则收取百分之五十的额外服务费用。）

Exhibitor's Authorization （负责人）			
Name （姓名）		Position （职位）	
Company （公司名称）		Booth No. （摊位号）	
Tel （电话）		E-mail （电子邮箱）	
Fax （传真）		Signature & Company Chop/Stamp （签名及公司盖章）	

【范本】额外家具申请

Additional Furnishings
（额外家具申请）

Deadline

（截止日期：＿＿＿＿＿＿＿＿）

Fax back to

（传真：＿＿＿＿＿＿＿＿）

Additional Furniture（额外家具租用）

In addition to items provided for the standard shell scheme booths, we would like to hire additional furnishings below from the Official Contractor for the exhibition period use:

（除标准摊位基本供应外，本公司申请下列额外家具在展会期间使用：）

Item （项目）	Cost Per Unit （单价）	Quantity （数量）	Amount （费用）
1. Black Leather Arm Chair（黑皮扶手椅）C05			US$
2. Office Chair（办公椅）C07			US$
3. Conference Chair［会议椅（带扶手）］C03			US$
4. White Folding Chair（白折椅）C08			US$
5. Folding Chair（折椅）C01			US$
6. Bar Stool（吧椅）C09			US$
7. Sofa（单人休闲沙发）C02			US$
8. Round Table（白色圆桌）A04			US$
9. Glass Round Table（铝面圆桌）A17			US$
10. Glass Coffee Table（玻璃咖啡桌）A16			US$
11. Square Table（方桌）A02			US$
12. Meeting Table（会议桌）A03			US$
13. Information Counter（咨询桌）A01			US$
14. Lockable Cupboard（有锁柜）A06			US$
15. Low Glass Showcase（矮身玻璃锁柜）B03			US$
16. Tall Glass Showcase with two downlights（高身玻璃锁柜连灯）B02			US$
17. Wash Basin（水盆）A15			US$
18. Tall Display Cube（正方展示高柜）A08			US$
19. Low Display Cube（正方展示矮柜）A07			US$
20. Aluminum Alloy Table（铝方桌）A10			US$
21. Shelving（Sloped or Flat）［展板（平或斜）］D04			US$
22. R8 Coat Hanger（R8 衣架）D06			US$

（续）

Item （项目）	Cost Per Unit （单价）	Quantity （数量）	Amount （费用）
23. Folding Door（有锁折门） D05			US$
24. Catalogue Holder（1m）（1米文件架） D07			US$
25. Refrigerator（45 litre）excluding power point ［45升冰箱（不包含插座）］			US$
26. Refrigerator（90 litre）excluding power point ［90升冰箱（不包含插座）］			US$
27. Refrigerator（140 litre）excluding power point ［140升冰箱（不包含插座）］			US$
28. 21" TV/VHS, VCR Multi-system （21"电视机配 VHS/VCR 系统）			US$
29. 25" TV/VHS, VCR Multi-system （25"电视机配 VHS/VCR 系统）			US$
30. Water Dispenser（including 1 bottle/day during show period） ［饮水机（包含展会期间每天一瓶水）］ E04			US$
31. Single Wall Panel（围板）D01			US$
32. Re-location of Panel（移动围板位置）			US$
33. Plotted Plant（盆栽）D10			US$
34. Carpeting per sqm（每平方米地毯）			US$

☐ We do not require the above.（本公司不需要以上各项设备。）

Note（注）：

1. It is essential that you indicate the required location of shelf on Form 6.（请在上表中标示层架之位置。）

2. Please study the "Terms and Conditions" carefully.（请小心阅读下面的"申请条件及规则"。）

Terms & Conditions:

1. A remittance of 100% of the cost MUST be forwarded with the orders. Cheques should be

crossed and made payable to BUSINESS & INDUSTRIAL TRADE FAIRS LTD or remittance to Account No. ××. Cancellation of order（s）on additional item（s）will not be refunded.

2. All items ordered are on rental basis and Exhibitors will therefore have to make good for any damages or losses.

3. The prices quoted above are valid until the deadline. Items ordered after this date will not be guaranteed, and if accepted, it will be subject to a surcharge. A 30% surcharge will be imposed on orders/payments made after the deadline and 50% surcharge on site orders.

4. This order is governed by the Ordinance of China.

（申请条件及规则：

1. 预订服务时，须将申请表格连同应缴费用寄回，划线支票抬头请写"Business & Industrial Trade Fairs Ltd"，或汇款至账号 ××。其后若取消此等增加之项目，所付费用概不返还。

2. 所有服务所提供之物品皆为出租性质，因此参展商须小心保养该等物品，勿使其损坏或遗失，否则须负责赔偿。

3. 上述价格有效至截止日期，其后即使仍能接受申请，参展商须付百分之三十的附加费。展场租用则须付百分之五十的附加费。）

Exhibitor's Authorization（负责人）			
Name（姓名）		Position（职位）	
Company（公司名称）		Booth No.（摊位号）	
Tel（电话）		E-mail（电子邮箱）	
Fax（传真）		Signature & Company Chop/Stamp（签名及公司盖章）	

第二节　客户邀约

参加展会是企业与新老客户加强沟通的好机会，展前客户邀约是企业参展的工作重点，对参展效果有着直接的影响，具有极其重要的意义。邀请客户光临企业的展台，与平时约见客户的情况有所不同，展会期间的竞争会更加激烈。因此，了解展前客户邀约工作的特征有利于更好地开展邀约工作。

一、展前客户邀约的意义

在参展工作中，企业不仅要邀请大客户，还要邀请一般客户，切实做好展前客户邀约工作。展前客户邀约的意义如表 4-2 所示。

表 4-2　展前客户邀约的意义

序号	意义	具体说明
1	增加展台参观人数，避免出现冷场	如果参展期间展台参观人数过少，会造成消极的影响 （1）在潜在客户眼中，展台冷场也许是因为企业实力有限，展品质量可疑，公司管理上有潜在的未知问题 （2）展台冷场会严重影响参展人员的工作热情，使其精神涣散，工作懈怠，无法吸引有实力的专业客户莅临展位
2	扩大宣传声势，提升参展企业形象	展前客户邀约工作做得好，展会期间前来观展的客户将会络绎不绝，特别是行业内有重大影响力的龙头企业代表人物前来观展，将为参展企业带来良好的宣传效果
3	加大企业新产品与服务的发布力度	很多企业都将参展视为一种新的营销方式，一些企业经常把展会办成新产品与服务的新闻发布会。很多潜在客户都会参加展会，特别是一些高质量的展会，如果通过展前客户邀约工作，让所有客户汇聚一堂，也就为企业发布新产品与服务提供了很好的宣传途径

（续表）

序号	意义	具体说明
4	促成贸易成交	（1）在展会上，参展企业通过周密的策划，精心挑选产品，巧妙布展，所要达到的最终目的就是促成贸易成交 （2）通过展前客户邀请，吸引新老客户参观展台，参展企业的热心接待是对客户支持的一种回报，参展企业出色的展览工作也会让新客户产生信任，让老客户耳目一新。在这种氛围的影响下，即使不能当场成交，也会增加日后成交的可能性

二、展前客户邀约的特征

展前客户邀约工作十分重要，企业应正确认识展前客户邀约的特征，以便更好地开展参展工作。

（一）时效性强

会展服务是一种活动，具有时效性强的特点。因此，参展企业从做出参展决定那天起，就应把展前客户邀约作为一项重要工作，并由专人负责按进度完成邀约工作。

（二）竞争激烈

在会展活动中，特别是一些专业行业展会，参展企业几乎全是竞争对手。其在展场中是直接的较量，而在展前客户邀约工作中，则是另一种较量。在企业邀请客户参观自己的展位时，可能竞争对手也在邀请他。

（三）变动因素多

展前邀约客户，要做好相关安排，客户数目众多，每个客户都有自己的特殊情况，因而变动因素很多，对其做统一安排需要一定的统筹能力。例如，展会会期一般只有3～4天，客户到场的具体日期是一个变数，客户的不同要求也是一个变数。

三、展前客户邀约的时间计划表

邀请时间应在展会开始前一个月内，可以通过电话或发放正式邀请函等方式通知新老客户，也可以邀请正在洽谈的目标客户和潜在客户。具体时间计划如下所示：

（1）展会前 1 个月，邮件邀请客户（告知具体展位）；

（2）展会前半个月，电话联系重点客户向其邀约观展；

（3）邮件或电话邀约后，确定客户观展日期，安排行程；

（4）展会前一个星期，电话、邮件、短信联系客户，告知展位和自己的联系方式，并尽量要客户提供当地手机号码，方便联系，再次与客户确认观展日期；

（5）展会上，如果客户在约定好的日期没有出现，则再次联系客户，尽力将其邀请到展馆。

四、如何邀约客户参加展会

（一）知己知彼，百战不殆

不管是发展新客户，还是回访老客户，都要对客户有一个初步的了解，包括客户的职务、日程安排、性格、爱好等方面，以便正确地发送邀请邮件。

（二）坦诚相待，礼貌先行

参展企业与客户之间是平等的，只要参展企业尊重客户，就会得到客户的尊重。也只有这样，参展企业才能获得与客户沟通、交流的机会。由于海外参展所邀请的客户大多是国外客户，因此主要采取电话或邮件的邀约形式。

（三）保持联络，加强沟通

每个客户都是参展企业的信息途径，应保持联络、加强沟通，切忌谈完业务就不再联系。参展企业应定期或不定期地与客户联络和交流，如电话问候。

五、撰写展前邀请函的技巧与方法

企业利用参加展会的时机与老客户见面是一种非常好的营销手段，因此一定要给老客户发送邀请函，告诉客户展会的时间以及企业的展位号等具体信息。那么如何撰写一封好的邀请函呢？

（一）不要千篇一律

有些工作人员会上网找一些范文，全篇照抄，然后只改动一下名字和展会的地址，就算完成任务。这样会显得没有诚意。客户可能不仅只与一家企业做生意，邀请函可能不止收到一封，类似的范文可能已经见过很多次了，这样的邀请函缺乏吸引力。

如果能针对客户写上一段诚意十足的话语，在文中对客户致以问候，尤其是能在文中提一下跟该客户上次的谈话细节，更能加深对方的印象。

（二）附上交通路线

尽管客户可能已经多次参观过该展会，对展馆的地理位置十分熟悉，但是如果参展企业能在邀请函中附上交通路线，则会显得亲切细心。在展会期间，有的展馆周围的交通就会变得十分拥堵。如果客户开车来，可能会在路上耽搁不少时间。若参展企业在信函中告知客户"为了防止堵车，耽搁您的时间，建议您可将车停在酒店，选择地铁前往，在某站下车即可"，同时附上公交地铁路线图，这样的邀请函能给客户留下很好的印象。

（三）邀请时间有讲究

参展企业在某个地区可能有不止一个代理商，那么在邀请这些客户来参观展览的时候，应该尽量将其参观时段错开。因为同一个地区的代理商，可能就是直接的竞争对手。为了避免引起尴尬，最好一个安排在上午会面，另外一个安排在下午。

（四）附上展馆平面图

邀请函里附上展馆平面图，可以让客户更容易地找到展位。主办方会提供展馆平面图，参展企业应复印或登录主办方的官网下载电子版打印展馆平面图，并将其附在邀请函里。

（五）告之天气情况

参观展览的客户来自世界各地，他们并不熟悉展览所在地的情况。参展企业如果能在邀请函里将未来几天详细的天气情况告诉客户，并附上生活上应该注意的细节，则显得细心体贴。例如，广州春交会期间，正处绵绵细雨的回南天时节，天气十分潮湿，参展企业就可以在邀请函里提醒客户要多带衣服，防止衣服未干不够穿的情况出现。

这样的邀请函，从客户的角度出发，设身处地为客户着想，能给客户留下不错的印象，称得上一封好的邀请函。

下面提供一份邀请买家观展的电子邮件，供读者参考。

【范本】邀请（1）

The Invitation
（邀请）

Dear _____,

Have a good day!

My company will attend_____exhibition, our booth No. is_____. If you or your friend will also go to this fair, welcome to visit our booth and further discuss our business.

Looking forward to your exciting news.

Kindest wishes,

Sincerely,

....

（亲爱的_____：

希望您今天愉快！

我公司将参加_____展会，展位号是_____。您或您的朋友若参观此次展会，欢迎到我公司展位洽谈业务。

盼回复。

顺祝商祺

……）

【范本】邀请（2）

The Invitation
（邀请）

Dear Jack :

We hereby sincerely invite you and your company representatives to visit our booth at _____. It will be held from April 15th to 20th 2020 at _____.

（亲爱的Jack：

我们诚挚邀请您及您公司代表参观我公司展位_____，此次展会会期为2020年

4 月 15 日至 20 日。）

    Our company：××××

（公司名称：××）

Exhibition Center：The Continental Exhibition Center

（展览中心名称：）

Booth Number：G－K－106

（摊位号：G－K－106）

Date：Apr 15th to 20th 2012

（时间：2020 年 4 月 15 日至 20 日）

It is our pleasure to establish cooperation relationship and introduce the latest products to you. We hope that we can maintain a close contact as our company will provide high quality products with reasonable price to you.

    We are looking forward to your visit.

Best Regards

Jenny Zhong

Sales Manager

（很高兴能同贵公司建立合作关系，并向您推荐我司最新产品。希望能同贵公司保持紧密的联系，并向贵方提供价格合理、质量上乘的产品。

我们期待着您的光临。

顺祝商祺

销售经理　钟杰妮）

【范本】邀请（3）

The Invitation
（邀请）

Dear ×××,

    We are（Company name）. As a prospective supplier, we are specialized in the supply of fertilizer, urea, ammonium sulphate, NPK. Our general manager Chris Ding and us hereby sincerely invite you and your company representatives for a meeting at AGRA Middle East 2013 Exhibition. And our Exhibition Booth there is A 25. We sincerely welcome you.

Await for your early reply.

Thanks & Best regards,

Jamie

For and on behalf of

Company name

［亲爱的 ×× ：

我们是（公司名称）。作为一家潜在的供货商，我们专业供应化肥、尿素、硫酸铵、氮磷钾复合肥。我公司总经理赵丁及同仁诚挚邀请您及贵公司代表在 2013 中东 AGRA 展会见面。我司展位号是 A25，真诚欢迎贵方来访。

盼尽早回复。

谢谢 & 顺祝商祺

杰米

×× 公司］

六、展前邀约客户的资料整理

当客户对邀请做出反应时，企业应尽快确定对方的信息，如对方行程、参展代表的姓名、具体操作的负责人员、历次的报价清单、合作中存在的问题以及本公司希望向其推荐的新产品信息等。

以上信息应当整理成表格形式（如表 4-3 所示），出席展会的销售人员必须对其进行大概的了解，以便在展会现场接洽客户。

表 4-3　可能参加展会的客户信息表

序号	客户名称	参展代表姓名	行程情况	历次的报价清单	合作中存在的问题	希望推荐的新产品信息

第三节　展品选择

展品是帮助参展企业给参观者留下深刻印象的最重要因素。根据相关统计，在参观者记忆的影响因素中，"展品有吸引力"占 39%，应予重点考虑。一旦决定参展，企业就应仔细选择和研究销售市场，确定参展产品。选择的展品要有针对性、独特性和代表性，还要注意出口配额问题。

选择展品是一项重要的工作，甚至称得上参展过程中最重要的工作。

> 许多参展企业将选择展品视为程序性工作而不予以足够的重视，结果常常是所选展品与展出目的不一致，展品无市场潜力，展品无供应潜力，展品不适于展示等。

一、展品选择的原则

在选择展品时，企业需要遵循的具体原则如图 4-1 所示。

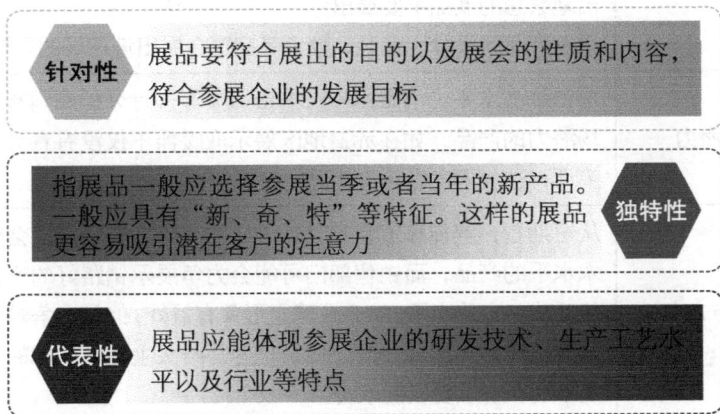

针对性　展品要符合展出的目的以及展会的性质和内容，符合参展企业的发展目标

指展品一般应选择参展当季或者当年的新产品。一般应具有"新、奇、特"等特征。这样的展品更容易吸引潜在客户的注意力　**独特性**

代表性　展品应能体现参展企业的研发技术、生产工艺水平以及行业等特点

图 4-1　展品选择的原则

武器、枪、刀、剑类，引火、爆炸性或放射性的危险物、剧毒物、麻药，有可能侵害工业所有权的进口物品或禁止销售品，以及主办者认为有碍于展会举办的物品都是不可以展示的展品。

二、选择展品时应考虑的因素

企业在选择展品时，需要考虑的具体因素如表 4-4 所示。

表 4-4　选择展品时应考虑的因素

序号	因素类别	具体说明
1	企业的供应能力	（1）企业的一些产品可能对市场很有吸引力，但是如果没有生产和供应的能力或潜力，就不应选择展出，如果展示并无供应能力的产品，虽能吸引注意力、引起兴趣，但却浪费时间和费用，而且因为不能接受订货，会给潜在客户留下不好的印象 （2）一般情况下，要选择能生产和供应的产品展出
2	市场条件	（1）展品要符合市场需求、消费习惯、技术标准、当地进口要求规定等条件 （2）市场限制、禁止的展品一般不要展出，违反展出地的消费习俗、展出地禁忌的展品不要展出 （3）产品的设计、包装、颜色等应符合展出地市场的习惯等
3	市场潜力	根据经济水平、消费水平、消费习惯等进行分析和判断。如果展示无市场潜力的产品，如在赤道地区展示取暖器不仅没有意义，还可能被当作笑话，造成不良影响，使展出效果适得其反
4	即期与未来	从短期看，宣传和贸易有时是矛盾的。研发部门可能会要求展出显示技术水平的产品，而销售部门可能会力争展示销路好的产品。如数控机床能反映一定的水平，对企业建立形象有益处，但是竞争对手多，成交不易，普通机床则可能成交好，但是也容易给买主留下低档的印象，对长期发展不利，所以要权衡取舍

三、展品选择的矛盾处理

企业在选择展品时，往往会遇到许多矛盾，因此需要妥善处理，具体如表 4-5 所示。

表 4-5　展品选择矛盾处理

序号	矛盾类别	具体说明
1	集体与个体	（1）集体展出时，展品的整体水平要能体现展出国家、地区、地方、行业等的经济水平和生产能力。集体展出的组织者会希望并要求展出显示水平的产品以及成系列的产品 （2）个体展示的参展者多考虑实际成交，因此会希望展出可能成交的产品而可能不考虑水平和系列等问题
2	质量与数量	（1）要注重产品质量。档次低、款式落后、工艺陈旧、包装差的产品不宜作为展品。质量不过关的产品、保密产品、仿造产品（违反专利法）不得展出 （2）展品的数量要适当，数量不宜过多，品种不宜过杂，要有重点、有系列，不要面面俱到，展台不可空空荡荡，也不可杂乱拥挤，避免给参观者造成皮包商或小贩的印象。如果要散发纪念品，数量要准备充足
3	新产品与老产品	（1）老产品可能已打开销路，成交把握较大，因此展台人员可能愿意展示老产品 （2）只有不断推出新产品才能保住或扩大市场份额，因此新产品或现有产品的新用途要作为选择产品的考虑重点 （3）新产品必须有良好的性能和很强的实用性 （4）试制或半成品最好不要展示，这可能会使客户去寻找竞争对手要求供货
4	展品符合展示要求	有些产品不适于展示。通过其他方式、用更低的成本就能完成买卖的产品不适于展示，例如，通过交易所买卖的产品就没有展示价值

四、建立展品数据库

企业要用相机拍摄展品图片，然后分类导入展品数据库，按编号建立展品档案。具体内容如下所述。

（1）高质、清晰的产品照片（彩色照片）。

（2）完整的产品规格。

（3）特点、功能及优点。

（4）颜色、尺寸及材料。

（5）款式及选择。

（6）最低订货量。

（7）运输与包装。

（8）交货方式。

（9）价格、付款条件。

（10）装箱资料。

（11）供应商来源。

完成建立展品数据库后应实行条码管理，批量制作所有样品的条码标签，将每个编号的条码标签贴到相关样品实物上。买家喜欢什么样品，只要用条码扫描器逐一扫描入电脑，就能立即显示样品的相关信息，这将提高展中报价时的工作效率。

第四节 销售资料和工具准备

一、确定贸易条款

企业要根据展会的销售和成交导向准备贸易洽谈的必要条款，主要包括以下几项。

（1）根据市场调研结果制定销售规则。

（2）最低采购量。

（3）包装条款。

（4）交货条款。

（5）运输条款。

（6）付款条款。

（7）价格浮动及幅度范围。

二、编制展前计划

企业要根据不同的参展目标，编制自己的展前计划，主要包括以下事项。

（1）复查公司的参展说明书。

（2）印制传单。

（3）发布新闻稿。

（4）安排展览期间的展会工作人员。

（5）确定参展样品，准备可以代表本公司品质及特色的样品，贴上公司标签。

（6）为索取样品的客商准备赠品。

（7）计划访客回应处理程序。

（8）培训参展人员。

（9）拟订展会期间的约谈。

（10）安排展会现场或场外的招待会。

（11）视察展厅及场地。

（12）准备全方位接待当地顾客。

（13）查看所订设备及所有用品的功能。

（14）与参展人员进行展前的最后协调等。

（15）编制预算表、价格表、订单表、咨询登记表。

（16）至少提前 20 天预订酒店。

三、展中销售资料

企业在展会期间，展会工作人员需要一些销售资料来协助产品的销售推广。常见的销售资料主要包括以下几种。

（1）产品推销资料 / 规格表。

（2）供参考的价格单。

（3）参展人员培训资料。

（4）推广资料。

（5）客户记录表。

（6）会谈登记本。

（7）订货单和合同。

（8）展台人员名片。

（9）销售部联系方式。

（10）与主办方的协议。

（11）展后的跟进信件。

四、展中的销售工具

企业在参展期间，不仅需要准备好销售资料，还要准备好各种销售工具，以保证产品的销售工作顺利进行。常用的销售工具，主要包括以下几项。

（1）笔、记号笔、纸、涂改液、信纸、信封。

（2）计算器。

（3）订书机、订书针、剪刀、美工刀、锁具。

（4）回形针、透明胶带、橡皮筋、双面胶、卷尺。

（5）展示架。

（6）小工具箱（螺丝刀、锤子、扳手、钳子等）。

（7）笔记本电脑。

（8）条码器。

（9）录音笔、照相机、电话。

（10）手电筒。

（11）插头及转换器、插线板。

（12）小型喷墨打印机。

（13）清洁展台、展品的用品。

（14）医药箱（常备的急救药）。

下面提供几份展会需使用到的不同表格，供读者参考。

【范本】展品信息统计表

展品信息统计表

产品型号	颜色	规格	数量	销售价格	折扣范围	最终价格	备注

【范本】会客登记表

会客登记表

公司名称	客户姓名	部门（职位）	电子邮箱	手机号码	备注

【范本】展会客户信息归纳表

展会客户信息归纳表

填写人：　　　　　　　　　　　　填写时间：

客户名称	联系人	部门（职位）	电话/传真	类别（A、B、C）	备注

备注：A 类（已经交易成功或者下订单的客户）；B 类（准客户）；C 类（意图性客户）。

【范本】每日工作统计表

每日工作统计表

项目＼日期	___月___日	___月___日	___月___日	___月___日	总计
意向客户					
成交量					
利润					

第五节　展台资料设计

一、展台资料种类

（一）公司简介

公司简介对于展台销售来说是必不可少的。公司简介的内容要简明扼要，在整体介绍前先用主要关键词强调公司的历史、成立年份、规模、主要出口市场、国家、主要客户类型等，让买家一目了然；用实际数据和事实说话，以显示公司的经验、实力和产品优势。

> 除了简单版本、详细版本的公司简介外，还要准备一些简单但信息明确的主打产品的小宣传单，易于发放。

（二）样本设计

样本主要包括产品目录、服务说明、展出介绍。产品目录要详细，包括图片、规格、技术指标、质量认证、产品应用等具体信息。产品目录、服务说明、展出介绍的样本设计要精美。

设计样本时要借鉴国外同行中大公司样本的模式，符合国际流行的式样，注意语法及翻译的准确性，最好能准备参展国当地的语言目录。

（三）宣传资料

宣传资料指参展说明书、传单、新闻稿等。宣传资料具有广告作用。参展企业首先要确定资料种类、内容、数量，规定统一的风格、色调、标志，针对不同的目标客户可以编印不同的资料。

重视资料的用纸和文字的编辑，好的文字对打造参展企业的形象很重要。如果是国际展览，宣传资料要有英文版本。

（四）展台人员名片

展台人员名片要印上展台摊位号码，方便买家找到。有条件的还可印上展位地图。名片最好是中英文对照。一定要预估需接待的客户数量，以便带足名片。

（五）价格单

企业可以运用电脑设计专业的价格单，为客户提供正规格式的报价单，将公司的 Logo、详细联系方式、价格条件、单价、数量、样品、支付方法等全部写在一张 A4 纸上。这会给买家留下专业的印象。

二、参展资料的独特卖点

参展资料中的独特卖点及独特的销售卖点是公司、产品、服务、沟通独具的特点。独特卖点必须具备的要素，如表 4-6 所示。

表 4-6　独特卖点必备要素

序号	要素名称	具体说明
1	独特的	所强调的卖点必须是竞争对手做不到的或无法提供的，必须说出其独特之处，强调"人无我有"的唯一性
2	有利益的	向客户表达明白，购买产品可以获得什么具体的利益，什么是客户只能从本企业获得的。把注意力放在满足客户需求上，并将优越的价值传递给客户
3	有支持的	有具体的事实、数据可以证明上述竞争优势
4	可衡量的	展示量化数字、名称、第三方认证等作为评估依据

这些卖点有证有据，能够锁定客户兴趣，回答客户的问题，让专业买家看了后会产生沟通愿望。通过了解企业的基本信息，买家可以立即判断参展企业的能力和产品的质量是否符合其标准。

三、展会 POP 设计

展会 POP 意为"卖点广告"（Point of Purchase），其主要商业用途是吸引买家眼球、传递公司卖点。POP 的形式有展板、展位海报、立体易拉宝等。POP 设计的四大结构如表 4-7 如示。

表 4-7　POP 设计的四大结构

序号	结构	具体说明
1	主标题	一般主标题控制在 3 ~ 5 个字。主标题是 POP 的重心，是影响参观者印象的核心因素，所以字体一定要醒目、清晰、容易阅读
2	副标题	副标题是解释和说明主标题的，字数控制在 4 ~ 6 个字，字体要比主标题小，颜色也要比主标题淡，不能超出主标题，不能喧宾夺主
3	正文	正文字不须装饰，但要和主标题、副标题区分颜色和字号，特殊重点文字要变换颜色和字体，如数字、称呼、价位、折扣、赠品等。重要的具体信息应放在前面、吸引观众
4	插图	插图在海报中不是主体，但它可以调节画面的色彩、调节画面的平衡、解释说明主标题、活跃广告氛围

展会 POP 的设计原则为设计清晰简单，具备独特卖点，宣传语句精练，大号字体、方便阅读，英文版本，统一色调，统一公司形象。

第六节　参展人员办理签证

我国目前对于出入境管理还是比较严格的，展览行业的行政审批制度依然存在，参展人员该如何办理出国手续还需要依据其所持有的护照类型决定。

一、私人护照

私人护照外观颜色为紫红色，正面印有"中华人民共和国护照"字样，由公安部出入境管理局及其在各地的派驻机构签发，通常有效期为 10 年。我国公民申请此类护照通常比较方便，由申请人在其户口所在地的出入境管理部门申请，申请人在提交材料后通常会在两周后得到护照。

私人护照持有者申请签证的手续相对比较简便，大致程序如图 4-2 所示。

| 拿到展会正式邀请函任务批件 | → | 拨打使领馆签证预约电话，预约办理时间 | → | 在办理签证当天带齐材料按时到达使领馆面试 | → | 领取签证 |

图 4-2　私人护照的办理程序

在此过程中，参展人员需要了解以下几点。

（1）展会正式邀请函由组展单位统一向展会索要，并在参展人员向组展单位交齐费用后下发，参展人员也可要求国外客户帮助其出具邀请函，但签证办理风险相对较大。

（2）有些国家使领馆需要预约签证办理时间，如美国、德国等；有些国家则不需要，如英国等，参展人员可以自行安排时间前去面试。预约办理签证时通常需要提供申请人护照号、姓名、出生日期。

有些国家使领馆在签证高峰时段很难拨通电话，需要连续拨打。德国、美国等热点国家在每年年底及七八月为签证办理高峰期，申请人预约的签证办理时间可能为其预约时间 30 天后，因此应提前预约，以免耽误参展。

（3）通常持私人护照的签证申请者应在其所在领区的使领馆接受面试（依各国使领馆规定）。许多国家在中国的使领馆通常设在北京、上海、广州三地；也有些国家不接受本人预约，如日本，申请人必须将材料送至指定签证代办机构，由其统一办理。

（4）有些国家对在一段时间内去过该国的申请人提供免面谈服务，申请人将其申请材料送交代办机构代办即可。

（5）有些国家要求申请人在面试当天以现金形式交纳签证费，也有些国家可提前交纳到指定代收银行，如美国可提前交纳到中信银行。

（6）有些国家在申请人面试结束后一小时内即可颁发签证，也有些国家需要一周后颁发签证。申请人可以委托他人代取签证。

（7）申请人面试时，通常需要携带以下材料（特指如参展之类的商务签证）：填写完整的签证表、护照、展会主办方出具的正本邀请函、展会参展摊位证明、展会参展摊位费发票、申请人所在单位出具的经济担保函、申请人名片、身份证及户口本原件和复印件、结婚证书、在职证明等、申请人所在单位营业执照复印件、信用证明以及所从事的商务活动的证明文件、申请人曾去过其他国家并回国的签证页的复印件、申请人所拥有的财产照片［如住房、汽车等（如有）］、申请人银行存款证明及国际信用卡等。

二、公务普通护照

公务普通护照外观颜色为棕色，正面印有"中华人民共和国公务普通护照"字样，由外交部及其在各地的人民政府外事办公室签发，通常有效期为 2 年或 3 年。由于目前对公务出国管理较严，许多私营及民营企业的参展人员尚未具备申领公务普通护照的资格，因此参展人员应先向其单位所在地的人民政府外事办公室咨询自身企业是否具备申领公务普通护照的资格，若具有该资格，则可以按照公务普通护照的手续申请签证。

公务普通护照持有者申请签证手续相对较为烦琐，大致程序如图 4-3 所示。

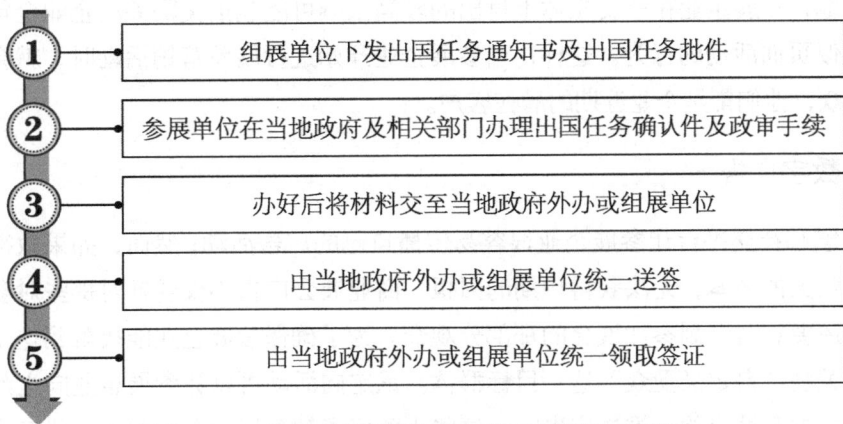

图 4-3 公务普通护照持有者申请签证的程序

第七节 开展有效的展前营销

企业为参展投入了大量的时间和金钱。但是，企业是否在展会前尽其所能来确保展会获得正的投资回报呢？有效的展前营销将有助于吸引流量。

一、选择宣传媒体

（一）行业出版物或主办方广告

印刷和邮寄成本的不断上升，大大减少了参展企业的直接邮寄营销活动。许多参展企业可能仍然会发送保存日期的明信片或其他低成本的自助邮件。然而，如果参展企业想要大限度地提高投资回报率，则应将预算集中在行业出版物或由活动主办方发布的广告上。

（二）电子邮件和社交媒体

电子邮件和社交媒体营销是大多数参展企业展前营销工作的重点。请记住，在展会或活动之前的几个月绝对不是开始建立电子邮件列表或增加追随者数量的时候。相反，参展企业应该不断鼓励潜在客户订阅企业的实时消息，发布吸引人的社交内容，这将增加参展企业的受众。类似地，参展企业在社交媒体上付出的较高报酬可能包括奖励关注企业全年间歇进行的活动或类似页面活动的行为。这样，当参展企业开始进行展前营销活动时，就会有一群准备好了的观众，他们都是企业近期的潜在客户。

（三）数字广告

搜索引擎和社交平台让参展企业很容易传播自己的广告活动；然而，如果做得不好，它也可能耗费巨大的成本，无法获得预期的回报。商业展会广告不仅要针对那些对参展企业感兴趣的人，还要针对计划参加展会的那部分观众。为了确保参展企业能接触到这个群体，参展企业需要关注"自定义受众"这一目标群体。重定向活动可以让参展企业向之前访问过企业的展示页面或微站点的人推送广告——这些人已经了解参展企业，并且可能至少正在考虑参加展会。

二、整理信息

开展展前营销的第一步包括确定活动的目标，是提高品牌知名度、建立关系，还是推出新产品？下一步将确定如何实现这些目标。其途径可以是增加展位流量、最大限度地进行活动演示、预先登记赠品或预先安排私人现场会议。提前制定目标和计划可以帮助参展企业明确展前营销活动的重点。

参展企业也应该利用这段时间建立一个吸引眼球的特定事件的登录页面或微网站。使用这些网页发布产品的详细信息，包括展位工作人员、演示活动或网络活动等的时间安排。

三、安排促销活动

（一）展会前两个月

发出参展企业的参展通知；关注展会本身——主题、城市和地点；让别人知道参展企业会参展。

（二）展会前一到两个月

参展企业应提供展会的详细资料，包括摊位号码及展会期间的活动安排；邀请与会者会谈。如果参展企业要推出一个新产品或服务，这是用简短的预告片来引起大家兴趣的好时机。

（三）展会前两到三周

加强宣传力度，提醒人们营销活动截止日期和资格要求。由于这是与会者计划行程的时间段，所以这是一个关键时期，业务人员可以亲自联系目标客户，并安排与他们在展会中一对一会谈的时间。

（四）展会前的几天

参展企业应发送一封电子邮件，提醒每个人企业的展位号，并鼓励他们参观企业展位。业务人员应亲自联系所有有预约的人，告诉他们自己期待与其在现场交谈。

（五）展会期间

在展会期间，参展企业要随时在社交媒体上发布帖子，展示参展企业工作人员在活动中的照片，以及展位交流活动等。参展企业应该与其他与会者进行交流。

四、衡量成果

参展企业衡量营销活动成果的标准取决于参展企业的参展目标。其主要指标包括：

（1）电子邮件打开率和点击率；

（2）社交媒体参与度统计，包括关注、点赞、分享和评论等；

（3）预先展示活动或免费登记次数；

（4）在展台内赎回的优惠券或其他材料发出的展前营销情况；

（5）展会前、展会中和展会后网站访问情况。

参展企业的展前营销预算可能有限，但是立足于参展目标，并将精力集中在具有较佳投资回报率的平台上，参展企业可以获得不错的展前营销效果。

以下是一份展前准备工作自问清单，仅供参考。

【范本】展前准备工作自问清单

- -

展前准备工作自问清单

展前建议您认真考虑一下以下看似简单的问题。

（续）

一、展前 8 ~ 12 个月

1. 展出什么产品？

2. 参展计划做好没有？

3. 参展预算已确定了吗？

4. 订金或必要的保证金已支付了吗？

5. 怎样的展位设计能符合我们的要求？

6. 我们需要新的展示品吗？

7. 我们需要新的宣传画吗？

8. 展位付款的最后期限是什么时候？

9. 我们需要预订什么物品为展览服务？

□楣板　□电器（电源、转换插座）　□给排水　□展位清洁服务　□植物摆设

□电话　□电脑　□网络连接　□打印机　□垃圾篓　□家具

10. 全外包服务是否必要？

11. 是否安排好展位的安装与拆卸？

12. 怎样安排货运？

13. 保险事宜安排好了吗？

14. 是否准备好了工具箱？酒店服务预订好了吗？

15. 展前推广如何进行？

□个人邀请函（包括介绍和回复函）　□直邮广告　□其他公关

16. 我们的展位号是否包含在展前的推广材料中？

17. 需要印制额外的传单、目录和价目表吗？

18. 印刷品准备好了吗？

19. 对相关公关活动做好计划了吗？

20. 我们的参展手册已经填写完成并寄出了吗？

21. 什么样的赠品能取得更好的效果？

22. 我们要组织什么样的现场推广活动？

□机场广告 / 户外广告　□酒店电视广告　□酒店房间推广　□展会目录广告

23. 我们的赠品符合当地的法规吗？

24. 要预订多少张门票？

（续）

25. 展位上需要多少工作人员？

26. 谁是代表公司的最佳人选？

27. 展位经理指定了吗？

28. 对参加人员的培训准备好了吗？

29. 定好展前会议的时间了吗？

30. 参加人员熟悉展出的商品和服务吗？

31. 是否要组织一场演示会？

32. 是否有一个准备回答技术问题的代表？

33. 是否确定了统一服装？

34. 是否为参展人员预订了足够的参展商身份证件？

35. 参展人员是否有足够的名片？

36. 谁负责监督展位的安装和拆卸？

37. 负责人员是否清楚展会的出入程序？

38. 在展会开始前是否为展会结束后的事情做好了准备？

39. 是否制定了展出期间每天的总结会时间表？

40. 是否向登记的参观者寄出感谢信？

41. 怎样监管展会上的销售情况？

42. 参展工作人员会得到怎样的奖励？

43. 怎样评估该次展会？

44. 展览费用是否在预算范围内？

第五章

海外参展展位管理

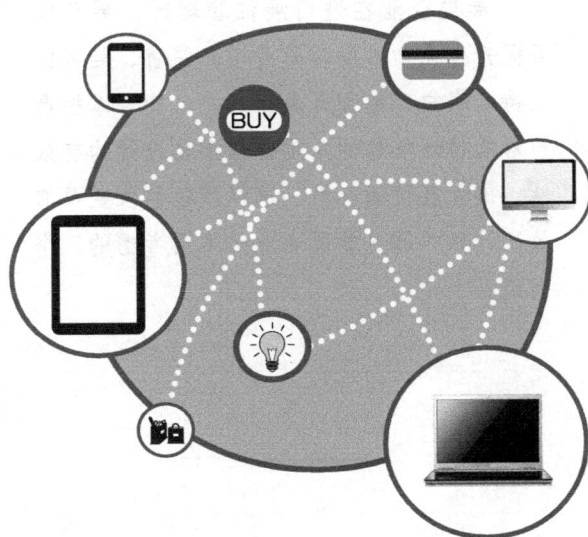

参展企业在进行展位管理时，要从能否提升企业知名度、是否增加销售、是否能维持老客户、能否开发新客户、能否掌握最前沿的市场信息的角度评估展位设计的有效性。确立展位的标准、选择展位的位置及有效设计和布展是参展企业必须要考虑的三个问题。

第一节　展位的类别

展位，一般是指在展会上用来展出商品和图片等物品的单位空间，也称作摊位。

一、按面积和装修风格来划分

根据面积和装修风格的不同，展位可以分为标准展位（或标准摊位，简称标摊）和特装展位。

（一）标准展位

标准展位是会展专用词汇之一，是指采用国际通用标准而设计制作的展位，也是展会主办单位委托主场搭建商为参展企业按统一标准搭建的展位。标准展位适用于一个小型企业参展或某一个单项性产品的展出。

标准展位详细的规格示例如图 5-1、图 5-2 所示。

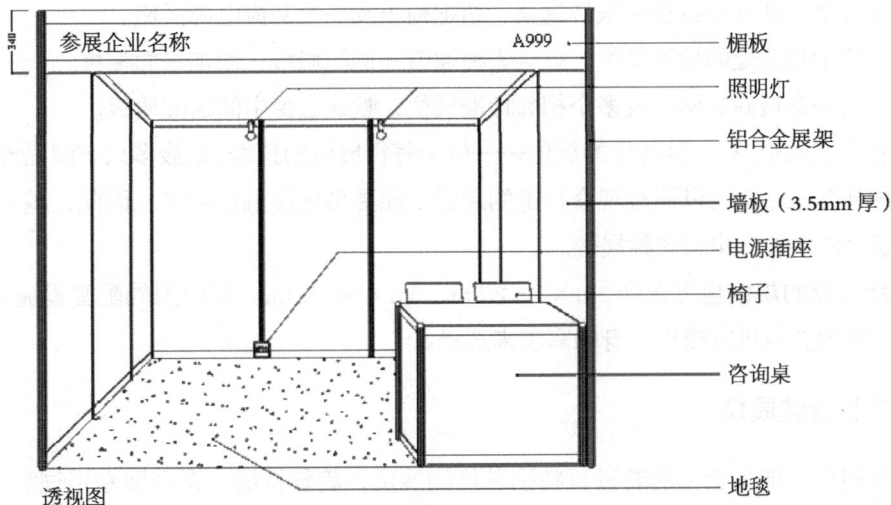

图 5-1　标准展位示意图（一）

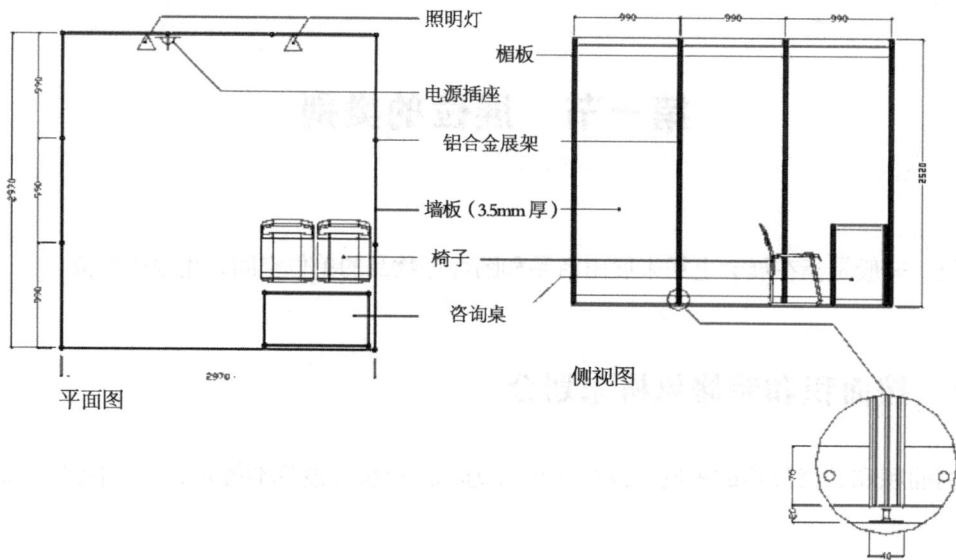

照明灯
电源插座
铝合金展架
墙板（3.5mm厚）
椅子
咨询桌
楣板
平面图
侧视图

图5-2　标准展位示意图（二）

（1）每个标准展位的面积一般为3m×3m或3m×4m，高度为2.5m。

（2）在标准展位正向上部提供写有中英文参展企业名称和展位号的楣板，楣板高度一般为20cm。

（3）展位框架为铝合金，装三面墙板，蓝色地毯，顶部安装有两支照明灯。

（4）每个标准展位设置一张咨询桌、两把椅子及一个交流电源插座。

（5）位于拐角处的标准展位，默认去掉通道一侧的墙板，增加一面楣板。

（6）同一参展商的两个或多个相邻标准展位，默认去掉中间的隔墙板。

在标准展位中，有一种特殊的展位——位于每行展位的顶端，是最多只有两面展墙的展位，有两个面甚至三个面可以面对观众行走的通道，能更多地接触参观者。因此，越早申请参展，就越有机会向主办方申请该种展位。

特殊展位的规格也可选择3m×3m×2m、3m×3m×3m。展位内的配套设施也可以视情况增加。参展企业可以根据自身的需求来选择。

（二）特装展位

特装展位，即展会上需要进行特别装修的展位，简称特展，系会展专用词汇之一，指展馆室内或室外空地上按任意面积划出的展出空间。展会主办方只提供正常大厅照明及未铺地毯的展位空地，一般 36 平方米起租，不提供任何配置，参展企业须自行设计及搭建。

在需要超过 4 个标准展位的面积时，参展企业可以选择租用光地展位——36m²（6m×6m）、72m²（6m×12m），自行设计和搭建，此时可以根据公司的产品特点、技术特点、市场定位、展会期间的活动安排做出别出心裁的独特装修，最大限度地提高曝光率，吸引买家。

> 选择的展位一定要大小适当、得体。如果企业实力强，展出的内容多，应选择大展位。小型企业选择规格 3m×3m×1m、3m×3m×2m 的展位即可。

二、按所处位置来划分

根据所处位置的不同，展位可以分为单开面型、双开面型、半岛型、环岛型、内角型和双向通道型几种。这几种不同类型的展位，各自的优缺点都不相同，企业在展位选取及展台搭建中，可以根据自己的需求来决定选用哪种类型的展位。下面我们就来看看这几种不同类型的展位都有什么样的优缺点。

（一）单开面型

单开面型展位也称"道边型"展位，一般分布在走道的两侧，只有一面向观众通道敞开。它的优点是三面墙提供了最充分的展品和宣传资料等的展示空间，可以用展板、展墙布置绘画、浮雕、摄影、图表、文字等资料。其缺点是进深窄，视角小。

（二）双开面型

双开面型展位一般位于走道拐弯处或十字形、丁字形通道交叉处，有相邻两面向两边观众通道敞开。它的优点是人流量比较大，视野宽，比较适宜重点展品与精品的展示。其缺点是用于展示的墙面少，需要更多地使用独立展具。

（三）半岛型

半岛型展位是指展位空间三面向通道敞开。它的优点就是设计安排上有很大灵活性，视野开阔，容易构成某种舞台景观，成为视觉中心。其缺点是不宜使用标准展具，可利用的展墙更少。

（四）环岛型

环岛型展位四面敞开，一般位于展厅的中央位置，通常都是以空地的形式提供给参展企业。它的优点是展示面积最大，造型尺度、规模可以相对较大，人流量最为密集，给人宽松、自由之感。其缺点是没有可供布置的墙面。

（五）内角型

内角型展位一般位于场馆的墙角处。它的优点是两个通道的观众均可注意到展位，容易吸引观众。其缺点是需要三个展位才能达到展出效果。

（六）双向通道型

双向通道型展位是两端敞开的展位。它的优点是有良好的展示面，两边可摆放展品，观众在通道中可以边走边看，人流畅通，展示效果好。

第二节　展位选择

选择展位如同选择开店店址，选对了位置，便已经成功了一半。究竟怎样的展位才能对参展企业最有帮助，能让企业从中获得最大效益，这就需要企业做好相关的"功课"。

一、考虑展位的面积

展位的面积应根据参展企业的参展目标来确定，需综合考虑展品类型及数量、观众活动空间面积（根据预期接待的高品质观众数量）、咨询台、储藏空间、招待区等各个方面，当然还应符合企业的预算。

那么，应该如何计算展位的销售面积？假设三天中预估有 1 500 人对展品感兴趣，按平均 3～10 分钟接待一位客户计算，需要五个以上的展台接待人员；按每位展台人员需要 5m² 以上的半私密接待空间计算，展位面积应达到 25～30m²。

二、考虑展位的位置

企业参展的目的可以分为营销、宣传、沟通等很多方面。不管是什么样的目的，都离不开一个最基本的要素——人流量。无论是参展企业还是观众，展会的每一个参与方都是冲着人来的。参展企业作为展会的主角，自然更是以聚拢人气为主要目的。在所有吸引观众、增加人流量的手段中，展位的位置无疑是最基本和最重要的。

一个位置好的展位，不但能让企业的宣传活动事半功倍，更可以作为一项保底的措施：即使企业宣传活动的效果不尽如人意，不能使自己成为展会上所有人瞩目的焦点，也可以保证自己成为大家无法回避的重点，其效果就如同报纸的头版头条。

那么，究竟什么样的位置才是展会上的"风水宝地"呢？企业可以选择的好的展会位置具体如表5-1所示。

表5-1　好的展会位置

序号	位置	具体说明
1	入口或入口两侧	不但位置显眼，而且由于刚入场的观众都是体力充沛、兴致勃勃的，因此多少都会留意并驻足一下
2	出口处	（1）其位置的显眼程度和入口处相当，不过因为观众经过这里时多少都带有一些倦意或已经谈妥了业务，所以人气指数较入口处会稍逊一筹 （2）出口处也有其优势，那些还没有在会场中找到完全称心的目标的观众，这时会抱着最后的期望，对这一带的展位特别认真地浏览，外加其已了解展会上的情况，因此企业和客户在这里最终谈成业务的概率会比较大
3	主要人行干道的两头或"十"字干道的中心四角处	这些也是人流集中的地方，但当遇到参加展会的预计人数较多的情况时，离主干道或者十字口有一点距离的展位会更合适，因为来往人流熙攘，会给客户停留沟通带来不便。如果情况相反，则应尽力在路口显眼处设置展位
4	展会问讯处、新闻中心以及各类基础服务设施（如餐厅、小卖部、洗手间）附近	由于人们需要了解相关信息或需要相应的服务，因此这些地方人员也会相对较多

序号	位置	具体说明
5	知名企业的展位周围	知名企业一般都是大家关注的焦点和目标，在其周围选址，也是不错的选择
6	上届展会位置	如果在上届展会中展位所处位置较好或展示效果较好，那么在本届展会中应该尽量选择相同或接近位置的展位，以便于老客户、老朋友的来访和洽谈

三、考虑展位的结构

在选择展位时，除了选地段之外，企业还需要考虑结构和朝向两个非常重要的因素。

（一）标准展位

标准展位中主要介绍单开面型（道边型）展位和双开面型（墙角型）展位，具体如表5-2所示。

表5-2　标准展位类型

类　型	具体说明
"道边型"展位	展会中展位的主要布置方式是一排排连铺。其中，那些夹在一排展位中间，只有一面面向过道的展位被称为"道边型"展位，也称"单开口"展位。当展位是这种类型时，应该优先挑选表5-1介绍的后两种类型的位置，以最大限度地减少单面开口的不利影响，争取吸引更多的眼球
"墙角型"展位	位于拐角处即一排展位顶端、两面邻近过道的展位则被称为"墙角型"展位，也称"双开口"展位。由于观众可以从它的平行通道和垂直过道进入展位，因此在容积相同的情况下，等于多出了一倍的表面积让观众接触展位，展示效果自然也就比"道边型"展位好一些，因此在同等条件下应尽量选择这类展位

单开面型（道边型）展位和双开面型（墙角型）展位示例如图5-3所示。

单开面型（道边型）展位　　　　　　　双开面型（墙角型）展位

图 5-3　单开面型（道边型）展位和双开面型（墙角型）展位示例

（二）空地特装展位

空地特装展位主要介绍"半岛型"展位和"岛型"展位两种，具体如表 5-3 所示。

表 5-3　空地特装展位类型

类　型	具体说明
"半岛型"展位	观众可以从三个侧面进入展位，其展示效果要比标准展位好一些，企业在选择这类展位时，应配合做好特装才能达到满意的效果
"岛型"展位	租金最高，观众可以从任意一个侧面进入展位，因而更能吸引观众的注意力。这类展位适合展示产品，广告效果好，但搭建费用相对较高

"半岛型"展位和"岛型"展位示例如图 5-4 所示。

"半岛型"展位　　　　　　　　　　　　"岛型"展位

图 5-4　"半岛型"展位和"岛型"展位示例

除上述四种室内展位以外，还有室外展位（Exterior Exhibition Stand）。室外展位是指在室外展出的展位，用于展示特大展品或大型机械设备（建筑机械）。由于受室内展馆的高度或地板承重限制，一般参展企业在展示此类产品时会选择室外展位。室外展位价格与室内展位不同，参展企业租赁室外展位时除要进行设计和搭建以外，还要注意保证在讨论区设有顶篷，可以为参展人员和观众遮风挡雨。

四、考虑展位的性价比

企业在选择展位时，除了考虑位置和结构之外，还必须考虑价格因素。毕竟，参加展会的企业多数都条件有限，如何拿到性价比最高的展位是其十分关注的问题。虽然位置好、面积大的展位有助于参展目标的达成，但一味追求华丽的排场，就意味着参展成本的上升，同时参展所需要达到的目标和效果亦随之水涨船高，企业面临的参展失败风险自然也跟着变大。

最关键的是，人流量与参展效果之间并不能完全划等号。例如，甲和乙两个参展企业，甲的展位在整个展会期间有几千人驻足，却一笔业务都没做成；乙的展位只来了几十人，却做成了十几笔业务。这么看，甲无疑是失败的。

第三节　展位设计

偌大的展馆，参展企业数千家，参观的买家上万人，怎样让买家注意到参展企业？展位设计是一种非常有效的手段。参展企业应根据自己的需要和实力，掌握其中的技巧，或自己策划、设计，或利用展位设计公司设计展位。好的展位设计一定能为企业的参展形象锦上添花。

一、展位设计的重要性

展位是参展企业的门面，关系到企业的参展形象。随着越来越多的企业到海外参展，不少人看到了过去未曾注意的问题。买家看低自己的产品，出价低，并不是因为产品比国外同行的差，而是因为参展形象差。

因此,有的企业开始组织营销策划人员进行策划和设计,希望摆脱低档次企业的固有形象。对于更多的出口企业来说,由于刚开始到海外参展,缺乏参展形象策划和展位设计方面的经验,依靠专业的展览企划公司或组展机构预先制定一些设计方案,则可以很好地解决这个问题。

二、选择展位设计公司

企业在参加海外展会时,如何选择展位设计公司是一个必须考虑的问题。是在国内找一家展位设计公司,把展位设计好,制作成品,带到国外组装,还是直接找一个国外的设计公司?这两种情况各有其优缺点。

(一)国内设计公司

选择国内设计公司的缺点是其不了解国外展会的设计风格。现在国内的很多展位设计十分复杂、花哨且费用较高。而在欧美一些国家,很多知名企业的展位设计简单大方,只在简洁的墙板上展示一个鲜明的 Logo,不仅节省很多费用,还可让人过目不忘。

除此之外,同样的设计方案,在国内和国外实施的费用是不一样的。如果选择由国内设计公司设计,则需要将国内组装好的展位拆开,运到国外再次组装,所需费用较多。

(二)国外设计公司

选择国外设计公司的缺点是沟通比较麻烦,且后期服务可能得不到保障。此外,同等水平的设计方案,国外设计公司的收费可能相对较高。

(三)国际展会设计公司

国内设计公司和国外设计公司都有各自的优劣势,那么到底该如何选择?除了根据实际权衡利弊做出选择外,企业还可以找一家专业从事国际展会设计的国内策划公司,在国内把方案定下来,由国外的工厂生产加工,等参展企业到达展会国家后,与国外工厂相关人员接洽,完成搭建等展会事宜。这样做不仅操作简单,而且成本也会低一些。

三、展位设计原则

有的企业选择将展位设计外包给展位设计公司,还有的企业会选择自行设计展位。因此,企业展会负责人员需要正确把握展位设计原则。

（一）创造性原则

展位设计的创造性主要表现在创意的新颖和艺术形象的独创。其设计应给人以冲击、给人以震撼、给人以刺激，令人过目不忘，发挥最有效的展示作用，这是最有效的形象传播。这种创造涉及形式的定位、空间的想象、材料的选择、构造的奇特、色彩的处理、方式的新颖等方面。

（二）完整性原则

高度整合且整体统一是展示产品的首要原则也是基本原则，包括形态统一、工艺统一、色彩统一、格调统一。具有完整性的展位设计更加有序、更加清晰。其功能是能够塑造出更好的企业形象，给人留下一个整体的印象。

（三）时代性原则

如今，展位设计应体现如下几种观念：人文观念、时空观念、生态观念、系统观念、信息观念、高科技观念等。具体来讲，应注意以下五个方面，如图 5-5 所示。

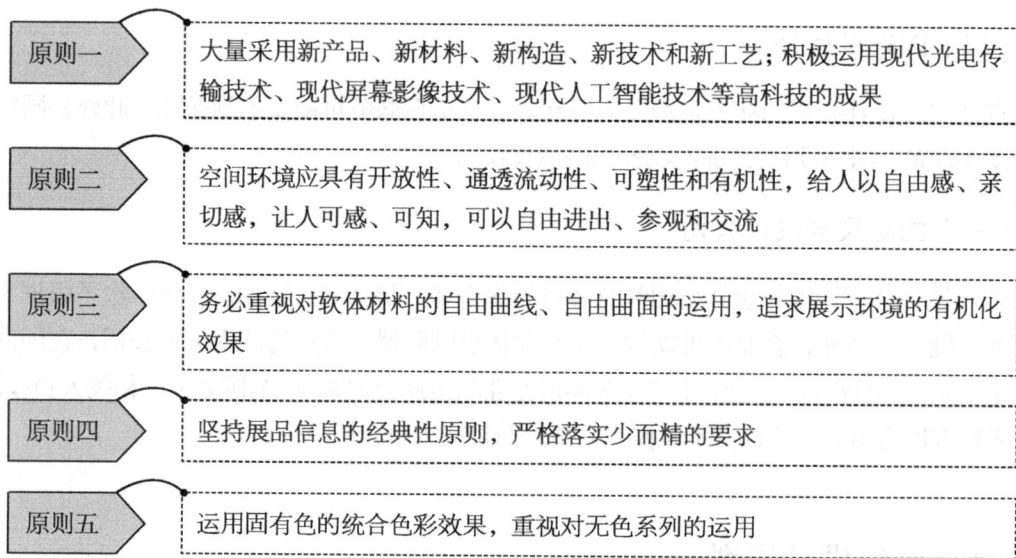

原则一	大量采用新产品、新材料、新构造、新技术和新工艺；积极运用现代光电传输技术、现代屏幕影像技术、现代人工智能技术等高科技的成果
原则二	空间环境应具有开放性、通透流动性、可塑性和有机性，给人以自由感、亲切感，让人可感、可知，可以自由进出、参观和交流
原则三	务必重视对软体材料的自由曲线、自由曲面的运用，追求展示环境的有机化效果
原则四	坚持展品信息的经典性原则，严格落实少而精的要求
原则五	运用固有色的统合色彩效果，重视对无色系列的运用

图 5-5　展位设计应体现的时代性原则

（四）行业性原则

行业性原则亦可称为功能性原则，即形式和内容的统一性原则。轨道交通业的展位设计与日化业的展位设计不可能是一样的，因此要因地制宜，切忌生搬硬套！

（五）文化性原则

展位设计要有风格和品味，应当自然而然地表现地域性和民族性的文化传统，体现出历史继承下的发展。这样的设计才能不落俗套、脱颖而出。

（六）环境性原则

环境性原则包含两层意思，一是任何一种美，都是在特定环境中实现的，好的设计必然是充分研究同一地域同类事物后的产物，必须在形式上与环境达到相得益彰的效果。二是任何一个好的设计都不会造成环境污染，都要符合"绿色环保"这一基本要求。

第四节　展位布置

展位布置是为了使展品突出，吸引目标观众，更重要的是将展品的特点和优势传达给目标观众。同时，展位布置要使参观者产生一种受欢迎的感觉，而不能是一种被拒绝、被隔绝的感觉。

一、展位的陈列组合

展位陈列主要包括展示的宣传内容和展示的展品内容。展位组合内容指配套性的展示架、展示台、桌椅、储物空间、地毯、植物、电话、互联网、视听设备和宣传资料、产品展示、影像、多媒体、灯光、色彩等统一的设备。

在展位的陈列组合中，参展企业要按展品、宣传内容的主次分别进行摆放与陈列，尽量做到主题突出，让买家一看就能停下脚步。同时，尽量让大多数的买家意识到，企业的产品能为其所面临的采购问题提供解决方案，从而吸引其来展位参观。

二、明确表述参展诉求

首先，参展企业需要明确参展的相关事项，如在展位的陈列中要明确展出什么。是新产品、新服务、贴牌生产能力还是公司综合实力？其次，参展企业要明确自己的目标客户，是进口商、批发商还是制造商？是技术人员、设计人员，还是采购经理？也就是想通过展示产品告诉买家什么，自身想得到什么。

从买家的参展目的来看，由于时间有限，他们首先要拜访一些现场的老客户，同时也想快速寻找和过滤一些采购系列中的新供应商和新产品。因此，一个规划良好、诉求明确的专业展位，必须在买家路过展位的 3 ~ 5 秒中明确告诉买家"你是谁，你销售的是什么，你的产品和服务能带来什么利益"，否则买家就会与"你"擦肩而过。

三、客户导向的陈列

许多参展企业在布展和陈列中最大的问题是展位的设计雷同、展品雷同，让买家常常张冠李戴。只摆放数量不多的产品的展位肯定不会太吸引人，但是一个展位内展品放得太多也不会使人印象深刻。参展企业的展品数量要适当，并且最好能突出创新产品，这比陈列所有产品的效果要好很多。

（一）展品数量

品种多样化与行业相关，如果可以挑选的产品种类繁多且对买家非常重要，那么买家希望看到展台上陈列种类齐全的产品。如果品种多样化对买家来说并不重要，如日用品行业，那么陈列一两种产品对买家来说就足够了。

（二）展品信息

展示企业的关键信息十分重要，如要让买家看到明确的企业类型、主要产品、新产品和独特卖点、获得的认证、合作的对象、工厂的地理位置、规模及实力等关键信息的描述和图片，这样才会让买家心动、引起买家的兴趣。

四、最有力的广告词——"新""奇""特"

展会是介绍新产品的最佳机会，对于不同类型的产品，其突出的重点不同，具体如图 5-6 所示。

1	如果展品中有新产品，应该在展位中予以突出，并着重强调其特点
2	如果是改良产品，可以突出其改良后的性能优点和方便之处
3	如果在参展时没有新产品推出，可从众多产品中挑选几种较具有代表性、较著名、较为人熟知或较畅销的产品

图 5-6　展品应突出的重点

作为展位的重点展品，要给予特别的装饰和布置，给观众留下深刻的印象。展台传递的信息必须简洁明了，用数据、事实说话。

五、展位交通路径

在展位的设计和陈列中要充分考虑展位的流通性，方便的交通路径便于买家自由进出，与展台人员进行面对面的交流。参展企业应从以下几个方面考虑展位交通路径。

（1）人性化的展品陈列，方便买家接近和获取宣传资料。

（2）展位越开阔，越能给人以自由、亲切的感觉，让人可感、可知，就越能吸引客户进入前来参观和交流。

（3）展台设计应避免给客户造成心理障碍。例如，在展位门口放置桌子限制人流进入，展品的陈列摆放过低或过高，展台人员站在入口处设置人为的障碍，这些都是不妥的行为。

（4）展台设计也不要刻意引导人流，如果过分刻意控制展位周围的人流，很可能使客户反感。

相关链接

如何让展位引人注目

在展位的陈列组合中有效地利用色彩、灯光、动态、声音和嗅觉五个要素，将会给参观者带来视觉冲击，给买家留下深刻的印象。

1. 色彩

在考虑展出时间（季节）、展出地点、灯光照明调配等因素的同时，参展企业必须考虑企业及展品，应根据展品来选择、使用色彩，使两者相匹配，因为参观者往往会将展品与特定的色彩联系起来。使用相联系的色彩来装饰展台表现展品就会使人产生一种"符合逻辑"的感觉，有助于形成记忆。相反，如果色彩与展品之间严重脱节，两者不配套，需要参观者去生硬地记忆，那是不现实的。色彩的搭配可用于展台图片、资料、照片、服饰和小礼品设计。

2. 灯光

有效的灯光运用是参展企业制胜的重要策略，而且对展品的促销起着举足轻重的作用！事实上，适当的展位照明被认为是展位陈列的重要工具，它能提高展品的认知度、提高企业的形象和市场占有率。运用不同的灯光设计，结合创新的高科技照明设备将会吸引更多的买家。

3. 动态

动态展品比静态展品更能吸引客户的眼球。参展企业应有效地利用模特、道具、视频介绍、现场人员演示等手段。如果产品或服务本身无法进行现场演示，应设法为展台创造其他形式的动态效果，如运用模型、装饰、灯光、影音效果或旋转式的标志牌和展示架等。

4. 声音

在展位中运用电视、电脑、音乐、广告系统、网上目录等视听设备配合产品展示，播放与展品吻合的悦耳音乐，能自然地吸引买家进入展位。不过要注意的是别把音量调得过高，以免影响别人的正常工作。

5. 嗅觉

如果展品有香味，不妨通过诱人的香味来吸引客户，如咖啡、水果、空气净化器等。在国外展会中，有的展台会摆上糖果，有的展台还会提供爆米花。

六、确保图片醒目

有时，一幅图片胜过千言万语，用巨幅图片、海报、标语配合展位的陈列和展示是必不可少的。展台后墙的巨幅图片应十分醒目，用以突出表达重点信息。除此之外，参展企业可以选用少量、大幅的展示海报，以创造强烈的视觉效果。太过密集或太小的图片都是不易读取的。另外，标语要精练，突出企业的卖点，强调产品的信息。

七、确保文字易读

文字信息应放置在与观众眼睛水平等高或更高处。英文大小写结合的字体比全部大写字体更容易阅读。如果文字内容比较长，应尽量使用短句、分段或间隔宽松的粗体字。尽量不要使用反白字，其在远处不易阅读。

八、统一标准

良好的展台设计要求有明确的统一标准，必须符合企业形象，色彩、工艺、格调的设计必须引人注目。参展企业要强调行业的标准和特点，必须和展会的主题、周围的布展风格统一；注重环境标准，每一个好的设计都不应造成环境污染，尽量采用新产品、新材料、新构造、新技术和新工艺。

九、展位布置技巧

企业在布置展位时，需要掌握一定的技巧，具体如表5-4所示。

表5-4　展位布置技巧

序号	技巧类别	具体说明
1	将产品分类，统一设计布局，造出声势	集体展出时，尤其应当考虑按产品类别统一设计、布局，建立整体形象。如果是既对公众开放又对客户开放的展会，在有条件的情况下，应分别安排商业展示区和公众展示区
2	从参观者角度构思、安排、布置	例如，将服装放在包装盒里陈列在展位上，就不如拍摄一张模特穿着服装的大照片挂在展位里。前者是从卖方角度进行布置，而后者是从买方角度进行布置，更能吸引买主注意。因此企业需要了解目标观众是谁，企业希望为目标观众留下什么印象，目标观众希望知道有关产品的哪些信息等
3	突出重点展品	一个展位可以展示很多展品，但是对于展出者和参观者来说有些展品更重要，如新产品或成交额大的产品。越重要的展品应该越突出。在有些情况下，整个展位布局是围绕一件突出的展品展开的

（续表）

序号	技巧类别	具体说明
4	展示展品特性	找出可以吸引目标观众的展品特性，不同的展品特性需要用不同的布置手法方能显示最佳效果。有些产品需要挂在展板上，有些需要放在地面上，有些需要放置在玻璃柜中。在展示中，有些展品从一面看效果好，有些从四周看效果好；有些需要近处看，有些需要远处看。使用哪种布置手法，在设计时就应予以考虑
5	让展品处于工作状态或自然状态	这样可以活跃气氛，更容易吸引参观者的注意，使参观者更快地了解产品的特性，并给参观者留下深刻的印象。一串项链挂在模特的脖子上比放在盒子里更能吸引注意，更能反映其特性和价值；家用纺织品布置在居住环境里比挂在架子上更能体现其特征；机械、电子产品可以演示操作，显示其性能和作用
6	留有空间，不要堆积	将很多展品放得很近会大大降低影响力，降低吸引目标观众注意的可能性，降低目标观众对这些产品的记忆深度。解决办法可以是选择少数有代表性的样品进行布置，留出充足的空间，其他产品则通过资料进行介绍
7	立体布置，而非平面布置	在展位墙上垂直布置或在台面上平面布置展品是比较笨拙的方法。可以使用不同高度的箱子或墩子错落有致地布置展品，或者使用悬挂、支撑等方法营造立体布置效果
8	创造特殊视觉效果	一些产品如农产品、五金工具等不易布置，这时可以考虑使用一些特殊方法营造效果。例如，大量堆放苹果，或者制作一个巨大的苹果模型
9	借助其他方式将产品的优势反映出来	有些产品靠外观就能吸引注意，反映优势，如首饰；有些产品不易通过外观反映优势，需要借助其他手法。如果是清洁剂，通过对比使用和未使用清洁剂的器具照片甚至实物，就可以直观地反映出产品的特点和优势
10	综合使用各种手法，全面反映展品情况	展位布置以展品为主，但是要充分利用图片、说明、模型、声像设备等加强效果，全面展示展品特征、特性及有关情况。例如，展示农产品，可以考虑安排现场实物品尝，并准备小包装食品免费散发，供参观者拿回去品尝；用地图和照片反映产地；用大彩照、幻灯片、大屏幕电视反映加工过程；用图表表示不同产品品种、等级的产量及市场；用样品和照片反映各种最终产品和包装等

小展位应如何布置

如果企业的展位面积非常小，那么该怎么设计和布置，让其传递企业的理念和价值观呢？

对于小展位的布置，应从明确企业的情况和需求开始。

一、明确企业的参展计划

1. 这次展位布置是一次性的吗

如果一年只参展一次，布置展位的预算是多少？是一切从简，还是预算充足？企业要打造什么样的展会形象？

2. 一次参展几次

如果企业参展比较频繁，需要考虑方案的重复使用，一来避免浪费，二来企业形象统一，有利于打造品牌，也节省参展准备时间。

3. 如果一年参展多次，面积、开口方向是否大概一致

如果有的展位是 $3m^2 \times 3m^2$ 单开，有的展位是 $3m^2 \times 6m^2$ 双开，有没有方案可以实现不同展位布置的互相转换，避免重复投资？

明确了这三个问题，在方案的选择上，也就有了一个明确的方向。

二、了解参展的目的

企业参展的目的其实可以细分为产品推广、品牌推广、寻找经销商三类。明确参展的目的，也就明确了在这次展位布置上需要突出的重点是什么。

（1）如果以产品推广为目的，尤其是计划展出新品，那么企业在布置展位的时候，应尽量烘托新品，减少其他产品的出现，甚至不出现其他产品。

（2）如果以品牌推广为目的，那么在平面设计上应以企业名称、**Logo** 为设计重点，要用醒目的字体、有冲击力的色彩或画面来宣传品牌，突出企业个性。

（3）如果目的是寻找经销商，则要在展位显眼的位置，突出"寻找经销商"等字样，避免因为前期设计和计划的疏忽，导致在展会现场流失目标客户。

三、选择合适的"硬装"

"硬装"指参展企业选择用什么样的方式陈列产品，如何固定画面，选择什么样的画面材料等。针对"硬装"，企业需要考虑以下几个问题。

（1）样品陈列方式，是平放，还是悬挂；是落地，还是水平陈列？

（2）有没有储藏空间？

（3）使用什么方式派送企业的目录？

（4）如何最大程度地使用展位，获得最大的投资回报？

（5）画面的材料选择有何讲究？每种材料效果如何？

（6）具体来说，到底有哪些布展方式？分别有哪些特点？

（7）有没有方法可以将这套展位方案多次重复使用，或者能应用在几个不同的展位？

（8）有什么方式可以方便企业携带？

因为对于小型展位来说，如果是企业自己布置，那么布展方式的便捷性是非常重要的。

四、选择正确的"软装"

在展位设计中，"软装"主要是指画面的设计。可别小看了画面设计，一个犯了若干种展位画面设计错误的平面设计，会让展位效果大打折扣。因此，企业在审核展位布置的平面设计时，需要把握以下几项原则。

（1）重点内容的字号要足够大，位置要保持在人的平视范围内（140～150cm）。这样，能够让目标客户在经过展位的时候一眼看到展品。

（2）避免出现将文字排满画面的常见错误，这会导致缺乏画面设计感，也不会增加对客户的吸引力。

（3）图片要清晰，图片尺寸也要足够大。一张精美、显眼的产品图片，能立即吸引目标客户的注意力。

（4）色彩要鲜明、统一（最好与企业 Logo、网站、宣传手册等颜色保持一致）。

五、了解"不允许"条款，避免损失和犯错

展会主办方会对展位设置一些"不允许"条款，其对每个展位的要求也不尽相同。因此，参展企业在布展前必须和主办方确认相关要求或者仔细阅读"参展商手册"。避免因违反规定导致的麻烦，以及因为违反展位布置规定，而被强行撤展的情况。国外展会的相关要求相对较高，如不能在围板上钉钉子，不能用胶水粘贴，必须有防火证明等。

相关链接

使用技术使展会更具交互性

技术在活动的成功方面起着重要的作用，但必须是用户友好的，并有利于实现活动的目标。

如果使用某些工具的时间和精力超过了它的价值，它可能会让访问者不知所措。

下面是一些活动技术的例子，它们正变得越来越流行，旨在帮助活动策划者、客户和供应商。

1. 射频识别（RFID）

RFID可以简化以往烦琐的流程，比如安检。使用RFID能够增强交互性和实用性，包括在展位上快速扫描，以获取更多信息或参展赠品，以及其他用途。

从活动票务到与会者地图，RFID技术是一种活动技术工具，它将继续发展，并被用于从音乐节到贸易展会的任何地方。

2. 虚拟现实与增强现实

虚拟现实（VR）和增强现实（AR）仍然很热门，组织者可以使用许多不同的VR和AR应用。

VR可以让与会者沉浸在一种体验中，从体验跳伞的感觉，到成为一棵被工人砍倒的树，以展示森林砍伐的影响。

VR也是一种很好的导航工具，因为许多会议中心和活动场所的导航对参观者来说都很有挑战性。通过对活动空间的虚拟参观，参观者可以在到达之前更好地了解展会的整体面貌。

AR还可以只通过手机与用户互动。在整个活动过程中设置包含增强现实技术的站点，可以让参观者简单地通过将智能手机举过墙上的图像，就能获得一种迷人的体验。

虽然虚拟现实和增强现实有着广泛而复杂的用途，但这些工具的应用程序对于活动策划者来说是简单而有趣的。

3. 无人机

无人机可能是一项更具争议的技术，但这并没有阻止商用无人机的应用，尤其是在活动中。美国联邦航空局预测，商用无人机的使用到2023年将达到83.5万架。

无人机可以在活动期间拍摄令人惊叹的照片和视频，用于社交媒体和实时参与，还可以捕捉活动前设置的视频片段，制造活动氛围。

除了创造或捕捉活动体验，无人机还可以协助活动安全保障和对活动的监视事宜，这样活动策划者就可以快速识别出任何可能不合适或对与会者构成威胁的事物。此外，无人机可以用于后勤监控，如停车场交通或人流量。

4. 活动应用程序

活动应用程序非常有用，许多活动策划者正在充分利用这些应用程序，以便与会者可以在任何地方体验活动。这些应用程序可以提供日程安排、演讲者简介、网络事件信息、导航工具，等等。

应用程序开发商正致力于整合虚拟现实和增强现实等新技术，使活动更具互动性。其中一个例子是创建一个 AI 寻宝功能，供与会者探索活动场地。应用程序还可以与推送通知或实时寻路功能集成，这样，当会议开始时，与会者就能得到提醒，获得到会议地点的路径。

将不同形式的技术集成到企业的展会活动中可以增强与会者的体验。但在计划活动时，主办方要确保使用技术的平衡，只有这样这些工具才会增加体验，而不是分散注意力。

第六章

参展人员配备与管理

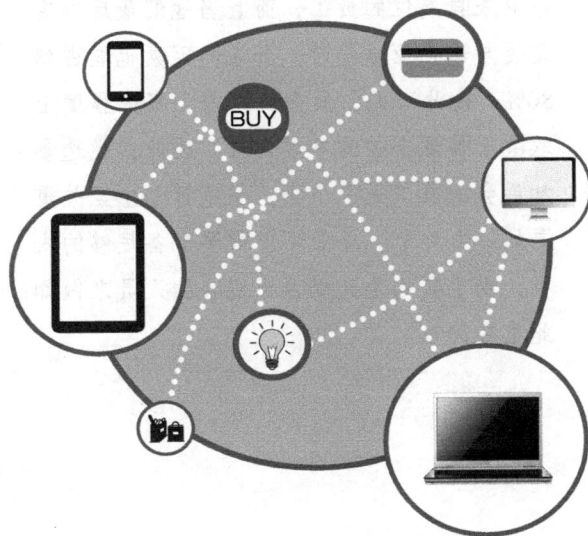

调查显示：85%的展会参观者的第一印象来自展位的员工，而且当他们最后决定是否与该企业合作时，员工的因素也能占到80%。由此可见，展会成功与否极大程度上取决于参展企业的参展人员。因此，挑选参加展会的员工是中小企业展览计划中至关重要的一个环节。企业不仅需要配备足够的人员，更重要的是选择真正适合的人员来做如此重要的事。

第一节　参展人员配备

中小企业海外参展工作的效果 90% 取决于参展人员的素质和努力。因此，选择什么样的人员参展就成为参展企业需要认真考虑的问题。

案例

2019 年春季，在某国际电子展会上，一个展商位置显著，展板上都是关于企业的广告，而且极具装饰效果。展览架上也错落有致地摆放着各种规格、大小不一的绿色电路板，参展人员眉清目秀，体态端庄。不难看出，这是一家比较专业的、以帮助客户定制和加工各种规格 PCB（印制电路板）为主业的工厂。

某客商正好是国际采购中国区的负责人，在电子行业内有多年的从业经验，此次参展正为一款新的产品寻找合适的供应商，该展位的陈列与介绍引发了他的兴趣。他非常有礼貌地用英语询问："女士，我可以进来看一下您的展品吗？"女员工立即起身，慌张地回答："OK，OK。"客商一边看着产品，一边打量这位姑娘，当时心中还暗自赞叹："这家工厂的老板真有眼光，从摊位的布置到展品的选择与陈列，再到参展人员的选择，处处都体现着专业与实力，看来老板本人非常重视参展工作！"下面是他们在展位的交流对话。

客商："你好，请问你们工厂做了多久了？"

女员工："好像是八九年吧"。

客商："到底几年？"

女员工："抱歉，您等一下，这里有公司的介绍资料，我看一下，哦，8 年。"

客商追问："请问你们的设备目前是什么状况呢？能具体介绍一下吗？如果你不介意，我希望知道具体的 SMT（表面组装技术）设备的品牌，因为我需要的产品可能对设备的要求比较高。"

女员工为自己开脱道："不好意思，我不是设备工程师，我只是产品销售人员，对于

（续）

> 设备了解不多，非常抱歉。"
>
> 客商又问："哦，那请问你们的产品最小 PIN 间距是多少？"客商此时把一个非常核心的关于 SMT 加工制造工艺的问题抛了过去。
>
> 女员工："我不是研发工程师，所以这个我也不清楚，如果您到工厂参观，我可以请技术人员给您详细讲解。"
>
> 客商："哦，谢谢，不必了。"说罢，客商疾步走出展位。
>
> 女员工面带难色，试探地问道："先生，请留张名片吧？"
>
> 客商："哦，谢谢，不用了。"客商非常干脆地回答，匆匆走往下一个展位。
>
> 后来，客商在另外一个展位上找到了合适的供应商。

从上述案例可以看出，该企业展位销售人员在此次展会上存在着明显的失误，我们从以下两个层次来进行分析。

（1）从浅层次来分析。作为专业产品的销售人员，对专业客户最关注的三个关键并且是最基本的问题"一问三不知"，这就暴露了作为专业销售人员却不了解技术的缺点，从而导致在最短的时间内，客户对该企业直接丧失了继续了解与接洽业务的兴趣，使该企业丢掉了重要的客户，错失了未来合作的可能，把本来有可能属于自己的重要客户，拱手让给了竞争对手。

（2）从深层次来分析。该企业虽然也非常重视此次展会，从其展览位置的挑选与展位的布置与展品陈列来看，无疑都是有效的，因为其最先引起了客户对他们的关注，吸引客户走进了展位内认真观看。但是由于其在展会的筹备过程中忽略了对专业销售人员的专业培训这一重要工作，更多地关注了"面子活"而忽略了"里子活"，导致后来的结果。所以，在筹备参展时，选择和培训参展人员至关重要。

一、参展人员的选择

（一）参展人员应具备的素质

参展人员应具备的素质如表 6-1 所示。

表 6-1　参展人员应具备的素质

序号	素质类别	具体说明
1	个体素质	相貌、自信、主动性、进取心、专业知识、团队精神、充沛的精力
2	技能	规划和解决问题的能力、沟通能力、说服能力、参展经验
3	知识结构	公司相关知识、产品知识和应用、展览知识、客户知识、知识产权与法律知识

（二）参展人员挑选标准

参展人员的挑选标准具体如下：

（1）亲切、友好，善于与人交往；

（2）熟悉公司和产品知识，具有报价技能；

（3）应是良好的沟通者（能清晰、简洁地传达信息），善于倾听与交流，热情适度；

（4）具有合作精神；

（5）专业，有丰富的会展经验（懂得展会的运作过程）；

（6）具备快速筛选客户的技能。

二、展台人数的配置

参展企业的展台人数配置完全取决于企业参加展会的性质和促销的产品与服务，以及预估的展会期间的参观者的数量。

（一）参展前要了解相应信息

企业在参展前必须确保与主办方取得联系，获取参展者信息，包括预估数量、已注册的参观者数量、代表的公司和职位。同时，结合上一届数据与本届进行比较分析。

如果曾参加过往届展会，可以参照以往的文档记录预估能产出多少销售线索和实际销售额。预估会有多少老客户、潜在客户来到展位，以此决定配备多少参展人员。

（二）展台人数要与展位面积匹配

要使展台人数与展位面积匹配，不要安排过多的展台工作人员，这会使潜在客户远离展位，因为他们可能会认为展位太拥挤不方便参观。

根据工作量的大小确定人员数量，一般每10平方米的展位面积至少应配有两名人员。如果展出时间过长，应考虑有两批甚至三批人员轮换，以免过度疲劳降低参展人员的工作效率。

三、参展人员分工与安排

（一）后台筹备服务人员

后台筹备服务人员负责展品选择、运输、设计、施工、宣传、联络、行政、后勤等工作。在许多企业中，参展项目经理多由展览部门、广告部门、宣传部门的负责人担任，具体办事人员也多出自这些部门。

（二）前台展出工作人员

前台展出工作人员基本可以分为展台管理人员、展台业务人员和展台辅助人员三类，其基本要求如表6-2所示。

表6-2　前台展出工作人员要求

序号	人员类别	工作职责	主要岗位	基本要求
1	展会管理人员	抽调与保障此次展会的顺利进行	展会负责人	（1）具有营销知识与展览经验 （2）熟悉展出地商业语言与贸易习惯 （3）理解展出目的或目标 （4）熟悉公司经营政策与战略 （5）熟悉展出技术特性 （6）具备行政管理能力 （7）具备计划能力与迅速解决问题的能力 （8）具备培训与沟通能力
2	展台业务人员	接待参观者、介绍展品、洽谈贸易、签订合同	营销人员、公关人员、技术人员	（1）有销售和展览经验 （2）熟悉展出地商业语言 （3）体力好，能长时间坚持工作 （4）仪表、举止、谈吐好 （5）性格开朗，态度好

序号	人员类别	工作职责	主要岗位	基本要求
2	展台业务人员	接待参观者、介绍展品、洽谈贸易、签订合同	营销人员、公关人员、技术人员	（6）能主动与潜在客户接触 （7）有集体感与合作精神
3	展台辅助人员（有条件的企业可配置此类人员）	操作演示、模特展示、维护展台安全与整洁等	如秘书、翻译人员、招待员、操作工、模特儿、清洁工、保安员等	（1）熟悉当地商业环境 （2）了解企业展出目的和展品 （3）熟悉专业业务 （4）态度友好，工作努力 （5）具有合作精神

（三）参展人员的工作安排

对于参展人员的工作安排，企业要提出具体的要求和标准，并且必须使每一位参展人员知道、了解自己所负责的事项。

（1）布置展台工作，包括参观者接待、贸易洽谈、资料散发、公关工作、新闻工作以及后续工作等。

（2）管理安排，包括工作时间安排、轮班安排、每日展台会议安排、记录管理等。

（3）行政安排，包括参展人员的宿、膳、行等日程安排。

> 必须对参展人员进行明确分工，使其分清各自的工作责任和权限，确定每个人的具体工作任务，同时注意安全保卫工作。

第二节　参展人员培训

参展人员的表现和素质直接关系到企业展台的影响力，为了保证良好的展出效果，在配备参展人员之后，必须对他们进行培训。无论是临时雇用人员，还是固定工作人员包括公司高级人员都应当接受培训。

一、参展人员培训的目标

展会销售与其他类销售场景不同，在展会销售时工作人员要在短时间内接触更多的客户人群，所面临的压力很大。如何处理人太多而时间太少的问题，就需要企业在参展之前对参展人员进行培训，让他们在不影响企业形象的情况下更好地处理问题，从而完成销售。培训应该达到以下目的。

（1）每个工作人员都知道企业参展的目标与个人目标。

（2）掌握展台资料摆放与发放要求，以便在客户较多时能快速地把企业资料发放到相应的客户。

（3）了解所参加展会展厅的地理位置以及知名展商所处的位置，这样在客户问路时可以给他们留下一个好印象。

（4）详细了解展会中的促销活动内容。

（5）有良好的礼仪。

（6）掌握展会期间工作人员应该注意的事项，例如，如何站、坐，穿什么样的衣服、如何打电话等工作细节。

二、参展人员培训的内容

（一）参展情况介绍

参展情况介绍主要包括人员介绍、筹备情况介绍、展出情况介绍等。参展情况介绍的目的是使展会人员熟悉展出背景、环境和条件。在进行参展情况介绍时，培训者和接受培训者可以相互自我介绍，不仅要介绍姓名、工作，还要介绍在展览方面的知识和经验。

1. 展出介绍

展出介绍的内容包括介绍展会和展台的情况，具体如图 6-1 所示。

展会情况

展会情况包括名称、地点、展出日期、开馆时间、展馆位置、出入口、办公室、餐厅、洗手间位置等

展台情况

展台情况包括展出意图、展出目的、目标参观者、展台位置、展台序号、展台布局、展出工作的整体安排等

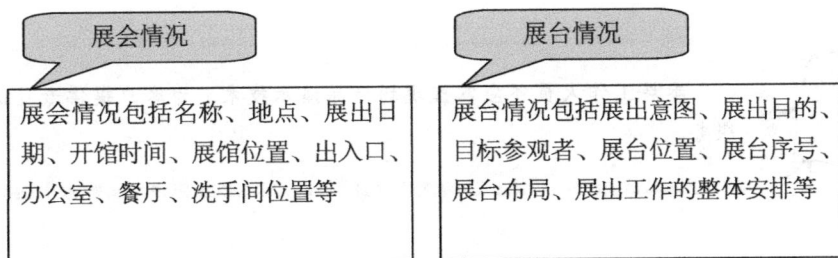

图 6-1　展会和展台情况介绍

2.展出活动介绍

展出活动介绍包括对记者招待会、开幕仪式、展馆日活动、贵宾接待活动等的介绍，应针对具体活动对展会人员提出相应的工作要求。

3.展品介绍

详细介绍展会中展出的每一件展品，包括其性能、数据、用法、用途等。

4.市场介绍

市场介绍包括销售规模、销售渠道、主要客户、规章制度、特点习惯和销售价格等方面的介绍。

（二）企业的相关知识

所有参展人员都需要了解一些有关企业历史、目标、组织、政策和程序的信息。了解企业的历史和当前的使命非常重要，这些背景知识有助于参展人员理解和接受参展目标。

参展人员需要明白企业的系统如何运作，还应了解企业的政策与程序及其原因。参展人员在了解了这些原因后，就能自觉遵守这些规定，也能更好地向参观者解释。

（三）产品知识及应用的有关知识

参展人员必须了解参展产品并掌握产品的不同使用方法，能向客户充分介绍产品特点、功能与使用方法。参展人员可从产品手册、产品说明书等书面知识开始熟悉产品特点，做到能在实践中运用这些信息解决客户的问题。

现在，大量的产品信息被存储在计算机数据库，参展人员可以直接提取。许多参展人员会携带笔记本电脑参展或是拜访客户，其可以从电脑中随时调出任何产品的信息。

参展工作人员还应掌握现场产品演示技术，为客户提供专业的服务。

（四）竞争对手的产品知识

参展人员应像了解自己的产品一样了解竞争对手的产品，因为参展人员必须在参展时与对手竞争。对竞争产品的细致了解可以使参展人员设计出优于对手的产品参展演示系统。

（五）客户知识

在激烈的竞争环境下，参展人员的工作必须以客户为导向。因此，参展人员必须了解客户的业务。每个客户的参观重点和问题不同，参展人员必须能够识别并做出相应的反应。一家企业的参展人员通常要与几个不同的客户打交道，参展人员必须能快速识别客户的偏好。

（六）业务实践知识

许多参展人员负责各自区域的利润，而且参展人员经常充当顾客的顾问，因此了解本公司和客户公司的经营业务实践知识非常重要。

（七）建立关系技巧

许多企业专注于与特定的客户发展长期关系。参展人员必须接受有关培训，以便识别这些客户并培育与客户的关系。着重长期利益的客户管理与关心短期参展效果的客户管理，对参展人员的活动安排有不同的要求。参展人员必须同客户一起工作，预测、识别问题并找到相应的解决方案。这就要求双方在很大程度上的相互公开、信任和承诺。

（八）团队参展的技巧

参展人员要在团队中工作，团队参展所需具备的技能与单纯强调个人能力的参展不一样。因此，培训中必须重视几个要素：善于察觉同伴的需要、接受别人的缺点；合作、信息共享；虚心接受别人的意见，将团队的成功置于个人成功之上等。

（九）时间管理技巧

大多数参展人员都有管理自己区域的自主权。参展人员不仅要调配与客户的时间，还要在工作的各个方面分配时间，特别是参展、服务和行政工作之间的时间分配。参展人员应该清楚，对时间的无效使用将会大大降低其工作成效。

（十）展台接待和推销技巧

在展台工作与在其他环境下的工作有所不同，即使是有经验的销售人员也应接受展台接待和推销技巧培训。企业可以使用模拟方式进行培训并应准备完善、系统的培训资料。同时，企业要对参展人员的工作态度、协作精神和集体荣誉感进行培训。这方面的培训重点如表 6-3 所示。

表 6-3　展台接待和推销技巧培训重点

序号	培训重点事项	具体说明
1	产品性能	参加展会的销售人员必须对产品的性能、功用、特点和最大卖点有一定的掌握
2	技术信息	作为销售人员必须对产品的技术信息有一定的了解，以便解答展会中客户提出的问题，增加客户的信任度和好感
3	仪容和着装	参展员工必须穿着统一的服装。女员工以深色套装、高跟鞋、适度的淡妆为宜；男员工应穿深色西服并打领带
4	标准表情	保持微笑，并在交谈时注视对方的眼睛

（十一）参展人员的行为规范

对海外参展的展会人员要加强行为规范的培训，以确保其在展会中的行为能够提升企业的形象，通常展会人员的行为规范如下。

（1）保持面部洁净，男员工不留胡须，不留长发；女员工不化浓妆，应将长发束在脑后。

（2）参展期间应统一着装，统一佩戴公司胸卡。

（3）参展人员在工作期间应保持旺盛的精力，当参观者走进展台时，要起身迎接，并热情地向参观者打招呼，询问对方是否需要帮助。礼貌用语为："您好，请问有什么需要帮助的吗？"

（4）参展人员应注意及时整理展台和宣传材料，保持展台的整洁。

（5）参展人员不应在展台上吸烟、饮酒、吃东西、打电话、看报纸杂志、与同事闲谈聊天等，不应怠慢参观者或以貌取人。禁止对参观者提出的问题漫不经心、态度冷漠等。

（6）参展人员应避免站在道路中央或遮挡视线的地方向顾客打招呼，要靠边站在道旁。

（7）参展人员在介绍产品时，一定要注意分寸，不可夸大其词。因为参观展会的人大多是内行，信口开河、夸大其词极易引起他们的反感，丧失可能的销售机会。

（十二）知识产权与法律知识

在展会计划、实施、施工、展出工作中，参展人员必须遵守相关规定，如建筑法规、技术设施法规、展台施工规定、贸易法规、商业法规、海关法规、保险规定、版权法规等。经过适当的培训，可以减少参展人员因为产品责任事故和虚假促销诉讼而面临的风险。

相关链接

包装好企业的参展人员

要想给参观者留下好的印象，参展人员的包装是必不可少的。除了商品外，参展人员也是"展品"。他们的举手投足、衣着打扮、风度仪态会在短短几秒的时间给参观者留下第一印象。

一、平易近人

微笑及外向型的身体语言都可传达友好和易于接近的信息。微笑要真诚，强挤的笑容会弄巧成拙。此外，双手抱胸或插着衣袋都是不尊重他人的姿势。参展人员要随时准备与人握手，以更自然的方式邀请来往客人参观展位。

二、热情好客

参观者都希望自己是受欢迎的。简简单单的一句"请进来看看我们的新产品吧"会让参观者感受到足够的重视，并把他邀请进展位。但是，不少参展企业的工作人员却喜欢在展位里与其他同事闲聊或坐在展位里看小说、吃东西甚至打瞌睡，这无异于对来来往往的客商说："走开！我忙着呢！"

三、专业性

参展人员的举止是否能显示足够的专业性，决定了企业是否能在只语片言之间取得来访者的信任和好感。企业在展会里对参观者的态度，很大程度上预示着企业日后在生意来往中的态度，真正关心来访客商的需求，可以令客商对日后的合作充满信心。对竞争对手不要蓄意贬低，对每一个走进展位的人都要同样地尊重，不要以貌取人，只有这样才能获得长远的商业伙伴。

四、非语言的交流

在展会中有时无声胜有声。不少参展企业深谙此道，在展览设计、色彩搭配、促销活动和小礼品赠送上进行投资，这些非语言的交流可以有效地给参观者留下深刻的印象。参展人员的整体形象和举止亦应与企业形象和展位布置融为一体。

五、衣着

衣着能表明身份及个人修养，一个人的社会地位、教育程度、审美观等均可通过服装的品质、风格、色调搭配得到展示。因此企业有必要制定"着装指南"派发给全体参展员工，在指南中应避免使用如"衣着整洁"等模糊不清的语句，这些语句只会引起歧义，甚至成为推卸责任的借口。

三、参展人员培训方法

展会人员的培训工作应当列入展出工作计划中，作为展前准备的主要工作之一。参展人员培训可在选定参展人员后立即着手进行，企业应根据培训事项进行培训、辅导和训练。

（一）系列培训

系列培训时间一般为 1 ~ 3 天，最好利用样品间作为会场，培训方法要尽量正规，尽量使用教学辅助工具，如投影仪、讲义等。授课培训与书面资料相结合。培训书面资料应编印成套，发放给接受培训的人员。

为了确保参展人员熟悉企业展品，满足不同客户的需求，展前应安排企业的工程师、研发人员为参展人员提供培训，使其了解更多的专业知识。

（二）脚本练习

针对企业的优势、产品特点以及接待客户的礼仪，参展团队应列出面对客户沟通时的常见问题提纲（即 FAQ），按照此提纲训练参展人员，让其反复练习，使其在正式参展时能从容应对。

其内容主要包括如何设计开场白，如何在一分钟内介绍企业的优势、产品的特色，如何进一步获取客户的信息，以及如何评估客户是否为签约客户等。

（三）角色扮演训练

经过书面及讲解培训之后，参展人员的培训应将重点放在角色扮演训练上，以在实践中检验学到的知识。

角色扮演训练是一种模拟实战销售的演示训练方法。通过角色扮演训练可使参展人员提升销售技巧、学会解决实际问题、快速掌握新的销售技能、增强销售信心。

> 完成角色扮演训练后，要分别给予销售人员反馈，包括优点、缺点、改进之处。

四、参展人员培训工作的安排

应当将参展人员培训工作列入中小企业的展出工作计划，使之成为一项常规的工作。如果条件允许，中小企业还要安排比较正规的外部培训，或者请内训师进驻企业做短期专业集训。

（一）培训时机

参展人员培训可以在选定参展人员后着手进行。展会的主要负责人也应参加培训，这有利于提升培训效果。

（二）培训方式

培训方式分为两类，一类是企业内部员工相互培训，另一类是聘请企业外部的专业老师进驻企业培训参展人员，或者派企业参展人员到企业以外的培训课程中接受培训。

（三）培训内容

培训内容要系统，培训材料要编印成套。一些欧美国家的展览行业协会、展览研究机构、展览咨询公司会举办专门的展览培训，有专门的参展工作培训教材、录像带等，参展企业可以参考使用。

第七章

海外参展现场营销

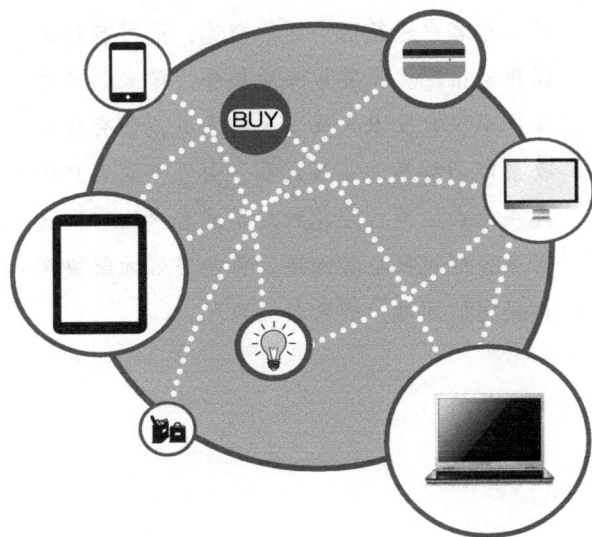

企业参展的一个重要目的，就是通过展会与客户进行面对面的交流，进行有效的销售与推广。尤其是专业展会，前来参展的客户不仅有技术人员、采购人员，还有负责收集市场信息的情报人员。由于不同客户的关注重点不同，因此针对不同客户的咨询选择适合的人员与其沟通，将能更好地解决客户提出的问题，提升其满意度。

第一节　展会中如何增加展位流量

展会上人潮涌动，成千上万的展台同场竞技，如何在其中吸引潜在客户的关注，是参展企业面对的一个重要问题。多数展会的展位流量都是"被动的"。仅依靠被动流量的参展企业错过了大量的、合格的潜在客户。参展企业应该采取一些措施最大化地吸引观众来到自己的展位，并吸引合格的买家进入展台进行交流，也就是增加展位流量。

一、展会推广活动

当与会者在过道里穿梭时，他们的眼睛被来自四面八方的图像和文字"轰炸"着。怎样才能吸引他们的目光，留住他们行走的脚步呢？参展企业可以开展一些宣传活动，通过活动吸引并抓住他们的注意力，将他们带到企业的展位中。

（一）展会上开展推广活动的益处

展会上开展推广活动的益处有如下五点。

1. 吸引"正确的"流量

比流量大更重要的是"正确的"流量。参展企业可以开展特别吸引目标受众的活动，然后通过电子邮件、电话和社交媒体发布活动预告，并在活动期间使用醒目的标牌进一步提升活动的影响力，从而达到吸引客流的目的。

2. 帮助参展人员与客户展开"破冰"交谈

参展企业的工作人员需要与客户展开"破冰"交谈，推广活动为此提供了绝妙的话题。

3. 建立信任

在展位上开展有趣的活动可以帮助客户建立信任，特别是当活动在设计阶段更多地考虑潜在客户的感受时，这种活动将更容易与客户产生共鸣，产生更好的效果。

4. 加深客户的印象

展会上的活动也是提升企业品牌和形象的良机，尤其是那些让人惊喜的、能勾起客户某种情绪的活动。这些活动会让客户对企业产生较深的印象。

5. 增加潜在客户和销售

当参展企业的展会推广活动吸引了更多合适的人来到展位，参展人员就可以与他们进行对话，如果他们是参展企业的目标客户，企业将获得更多的销售订单。

（二）促使推广活动成功的关键因素

以下是促使推广活动成功的一些关键因素，参展企业可以灵活运用，以活跃展位氛围并增加流量。

1. 着装

参展人员美丽、帅气、得体的着装将是展位上一道靓丽的风景，能够吸引客户前来参观。

2. 体验式营销

在展位上提供体验服务是打造品牌的最佳方式。人们更倾向于记住一次经历，而不是枯燥的推销。让客户亲自感受和体验胜过枯燥无味的讲解。

3. 饱满的精神状态

展位工作人员应保持饱满的精神状态，这会在无形之中吸引更多的来访者。

二、标识

好的展位标识不一定要很花哨，但必须是描述性的。这个标识不仅应该显示参展企业的名称，还应该让人们知道参展企业是做什么的。

三、激励

激励可能是增加展位流量的最重要的方法之一。参展企业应该在社交媒体上发布企业展会期间的活动计划以及在展位上提供的相关活动奖励或者活动奖品。具体的奖励措施视每家企业的情况而定。以下是一些激励建议。

（一）时髦

参展企业要提供的奖品应该是时髦的，这样才会吸引人们的关注。设计前卫的 T 恤一直很受欢迎。钥匙链或印有企业品牌的签字笔也是不错的选择，USB 充电适配器或 U 盘非常受欢迎，会在展会期间被多次使用。

（二）充电站

这是目前一些贸易展会上最受欢迎的设计概念之一，一定会增加展位流量。参展企业可以利用潜在客户为移动设备充电的间隙，让他们体验相关的展品。

（三）免费 Wi-Fi

提供免费 Wi-Fi 是一个有效的引流方法。参展企业可以要求人们先注册再享受服务，这样可以留下潜在客户的相关信息，以便后期联系。

（四）其他

限时优惠、特别定价、竞赛和赠品也会吸引大量的人流量。总体来说，增加参展企业的展位流量不仅需要预先规划，还需要跳出思维定式。

相关链接

如何在展会上使用社交媒体

1. 将社交媒体融入企业品牌

为了让潜在客户在 Facebook、Twitter 和 LinkedIn 上与你联系（他们需要知道如何找到你），你可通过在展会横幅、宣传册和名片上添加用户名和 url（Uniform Resource Locator，统一资源定位符，指网络地址），让社交媒体成为品牌的一个组成部分。

你可以尝试在公司和个人层面整合社交媒体。将个人 LinkedIn 和 Twitter 账户添加到名片中，将公司账户添加到横幅和其他大型品牌中。

如果你想增加社交媒体连接率，可以使用二维码。你可以生成自己的二维码及自己的社交媒体个人资料的网址，并添加到名片上，使客户更容易与自己联系。

2. 在参加活动之前，了解展会活动的文化

如果你是第一次参加展会，在你参加之前，利用社交媒体来研究一下展会的文化和氛围。过去展会参与者的 Facebook 页面、行业论坛和 Twitter 账户都是重要的信息来源。

3. 从竞争对手那里寻找想法和灵感

不要只是利用社交媒体来研究展会的文化和气氛，你要利用它来了解竞争对手之前在那里做了什么。浏览竞争对手的 Facebook 页面，查看他们之前的展览、促销活动等。

研究在以前的活动中引起轰动的竞争对手，分析他们的成功策略。你还可以搜索往届与会者的博客，了解他们认为哪些展览最有帮助，对哪些展览不太感兴趣。

Twitter 的自定义搜索可以很好地找到展会参与者和竞争对手的推文。使用"near："这样的操作符可以根据位置缩小搜索范围，而使用"since："这样的操作符可以搜索前一届贸易展期间发布的推文。

4. 设计自己的谷歌搜索结果

展会是提高参展企业在行业内的知名度的绝佳机会。很多人会在展会后的几天内搜索你的企业，所以你必须拥有自己的谷歌搜索结果。

在下一次大型贸易展之前，你可以通过在 Facebook、Twitter、LinkedIn 和其他相关社交网络上建立社交媒体档案，进行一些基本的声誉管理，以保持搜索结果的整洁和有序。

通过设计谷歌搜索结果，使潜在客户尽可能容易地找到关于你的公司的正确信息，并与你联系。

5. 使用 LinkedIn InMail 连接 B2B 潜在客户

在展会结束后的几天里，有价值的潜在客户常常要处理来自销售代表和市场人员的数百封电子邮件。你可以使用 LinkedIn InMail 让自己脱颖而出。

InMail 允许你与任何 LinkedIn 用户联系。由于用户通过 LinkedIn 的提醒邮件收到 InMail 的通知，他们更有可能阅读和回复你。

就像电子邮件一样，当你把一封 InMail 发送给一个目标客户的时候，也有一些礼节需要考虑。

相关链接

利用内容营销来提高展会活动的效率

在过去的几年里，随着人们对内容营销越来越感兴趣，从对问题的回答到对业内人士的采访，行业展会是创造一流内容或整合现有内容资产的绝佳机会。

以下我们将分享七个创意内容，你可以在下次参加展会时付诸行动。

1. 回答人们最大的问题和痛点

你所在行业的人面临的最大问题是什么？他们最想要回答的问题是什么？展会是一个很

好的机会，可以面对面地采访你的客户，了解他们对什么感兴趣。

参展企业不要仅仅把展会看作向观众推销产品的机会，而要把它看作向他们学习的机会。

2. 采访顶级客户和业内人士

你是在一个非常受欢迎的展会上亮相吗？如果你的活动吸引了一流的观众，或者，如果它吸引了在你的行业里非常受欢迎的人，那么这是一个联系他们的好机会。

与专家的访谈是吸引流量的磁石，和合适的人交谈——即使只是几分钟——一旦视频上线，就会有成千上万的人访问你公司的网站。

在活动之前联系业内人士和思想领袖（可以安排一次会议），有影响力的营销可能比你想象的要容易得多。虽然永远不会有100%的成功率，但一次与合适的人的面谈往往会为你的网站带来很大的流量。

3. 通过在帖子中嵌入信息来推广活动

与会者在展会期间发推特已经不是什么秘密了。事实上，在某些场合，人们会疯狂地发推特。

利用大量的社交更新来建立你网站上的活动时间表。一天的活动结束后，你可以发布当天的实况摘要，并附上访客的真实推文。

在你的博客文章中嵌入推广是很容易的。你甚至可以嵌入Instagram（照片墙）照片，让你的活动总结看起来更有吸引力。

4. 发布活动最佳演示的摘要

从策划到演示，受欢迎的行业展会通常会有几位演讲嘉宾、小组讨论和与行业相关的专题论坛。

一旦节目结束，人们仍然会想要了解你的行业正在发生什么。通过发布最佳演示的摘要，你可以将自己的网站转变为行业趋势的权威信息资源。

在参加任何展会之前，先看看你设计的演讲话题和演讲者名单。如果有人（或一群人）符合你的品牌价值，在你的内容中总结他们的展示要点。

5. 在网站上发布最新的展会信息

你的公司使用Twitter吗？如果使用，你就有了一个绝佳的机会，通过实时的推特，让与会者和非与会者都能及时了解展会的最新进展。

无论你是在观看演示还是与一个很酷的数字显示器进行交互，都可以通过Twitter让人们了解最酷、最有帮助的演示、显示器和品牌。

实时推特不仅让你有机会在活动后以时间轴的形式建立网络内容，还让你有机会以参加展会的形式获得追随者。

6. 创建一个活动的视频供与会者分享

在线内容不必是文本形式的。展会是拍摄影片的好地方。从活动总结到行业专家访谈，合适的视频可以成为活动后强有力的权威内容。

不要采访客户和行业专家，也不要把他们的意见写在博客上，而是要对不同的与会者进行一个快速而简单的视频采访。这样，你可以为你的网站制作一个"最佳活动"视频。

热门事件的摘要视频会吸引大量流量，通常直接来自 **YouTube** 搜索。除了为你的公司网站带来流量外，它们也是建立你的 **YouTube** 用户基础的极好的工具。

7. 为公司网站"招募"内容

谁说你需要创建自己所有的内容？展会是业内专家聚集的场所，如果你是知名品牌，这些专家很有可能愿意为你的公司博客做贡献。

除了关注销售线索外，在你的下一个展会上，专注于获取博客线索。当有人造访你的摊位时，问问他们是否愿意在博客上留言。如果他们愿意，问问他们是否有兴趣为贵公司的网站做贡献。

每个人都想传播他们的信息，你在展会上遇到的人通常都有一个非常吸引人的、有用的信息要传播。如果你的博客已经相当成熟，你可能会在一个商业展会上找到下一个杰出的"客座撰稿人"。

第二节　让客户形成美好且深刻的印象

一、注意开场白和结束语

有一位参展商曾说过，见到客户时应该注意开场白和结束语。我们应该怎么理解这句话的意思？对于销售人员来说，最重要的沟通环节是开场白和结束语。因为人们在沟通时易于记住刚开始和最后发生的事情。所以销售人员与客户沟通时，要特别注意开始时的礼貌寒暄和最后的结束语。在展会上，除了企业来展之前预约的一部分客户会到场交流，还会有一部分"散客"光顾。销售人员往往与提前预约的客户很熟悉，在交流时比较放松，但在面对新客户时却不知所措了。礼貌待客讲究即时应对，例如，主动打招呼以便让客户感受到你的热情接待；对客户提出的问题要做出准确而迅速的回答。

二、与客户沟通要因人而异

行业展会聚集了众多的产品和商家，要让自己的企业与产品在同行中脱颖而出，让客户牢记，最重要的就是要突出"异"。要在复杂的展会里赢得高效率的沟通，参展企业应该注意哪些事项呢？

企业参展的一个重要目的就是通过展会直接与客户进行面对面的交流，但即使是专业展会，前来参展的客户范围也相当广泛，有技术人员、采购人员，还有负责收集市场信息的情报人员。由于不同客户的关注重点不同，针对不同客户的咨询派出适合的人员与其沟通，能更好地解决客户提出的问题，增加他们的满意度。因此，企业必须事先做好充足的准备，比如产品资料、产品报价单、沟通者的名片，等等。

三、多了解客户的需求

有些参展企业从见到客户开始就一直用极富诱惑力的词汇介绍自己的产品，但客户最终还是选择离开，为什么？其实在展会上，参观者来到一个展位前未必一定是来谈业务，参展企业的工作人员一定要问一问来访者需要什么帮助，多听一听其对展品提出的问题，不可毫无目的地推销。很显然，在没有弄清客户的真正需求前就滔滔不绝、漫无目的地讲解产品，结果只会适得其反。

参展企业要多问与客户背景信息相关的问题，如主动询问客户来自哪里，是零售商、批发商还是进口商，这样就能了解客户来自哪个市场。例如，当知道客户来自英国，就应告诉客户公司哪些产品符合英国市场的标准，并向客户展示这些产品的高品质、专业性。这样会让客户感觉展台人员很了解他们的市场，熟悉其质量标准、法律标准及安全标准。这很可能会使客户继续与展台人员继续讨论产品及其价格。

四、要避免快速销售

展台人员在与客户沟通时，应如何运用语言引导其对产品产生兴趣呢？有的销售人员在与客户交谈时,往往使用"我们的产品比同样的产品价格要低"或是"您如果选择我们的产品,会给您一定的优惠"等语句。

不过,价格优惠可能不是客户想听到的,价格只是产品价值链的一部分,如果只谈价格,客户会认为供应商对构成产品价值的其他重要部分也许并不了解。这样的快速销售往往会使客户感到扫兴。

在与客户的沟通中,交流一些与产品、专业性关联的信息是必不可少的,要避免直接谈价格。因为在展会中时间有限,要在短暂的沟通中吸引和评估客户,对参展企业的工作人员是一个挑战。

五、顾问专家式销售

很多买家对"顾问专家式"的销售人员情有独钟。因为这种销售人员是根据客户的目标,而不是自己产品的特性来制定解决方案。当销售人员向客户询问其目标及选择标准时,客户就会判断销售人员是把其需求放在首位。因此,参展企业的工作人员在向客户推销自己的产品时应站在客户的角度上考虑问题,扮演顾问和专家的角色。

六、积极主动地沟通

在展会上接待客户,有的是守株待兔,等待客户上门;有的是主动出击,招呼邀请客户。如果选择等待客户上门,将会错过很多销售机会。因此,销售人员必须积极主动地同客户沟通,在沟通中要注意交谈礼节,给对方留下好的印象。

七、不要急于展示产品

有的销售人员在简单的开场白后,就直接进入产品操作演示阶段。这样的销售非但无助于成交,而且会让买家处于被动局面,使买家对产品失去兴趣。

销售人员应在开场白中简单地评估客户,了解客户对产品的兴趣后进行个性化销售,为客户提供解决方案,通过观察客户的反应来调整下一步的策略。

第三节 展会现场买家评估

一、如何判断客户是否是真正的买家

参展人员在与客户沟通时，需要掌握判断客户身份的基本技巧，以选择合适的方式与其沟通。

（一）随身物品

除了名片和客户的宣传资料外，参展人员还要注意客户手上收集的其他公司的样品，这也能够帮助判断客户是否是真实的买家。

（二）交谈

如果客户对产品性能等非常熟悉，那么一定要与其深入交谈。建议多问、多听、少说。因为客户已经非常熟悉产品，有时甚至比参展人员更加了解产品，因此交谈的重点应该放在该客户是否已经采购，采购的方式是什么，该类产品在客户那里的主要销售方向、基本销售业绩等问题。

相关链接

十一个成功参展小窍门

哪里还能找到这样的机会，让参展人员与成百上千，也许成千上万的潜在顾客或现有顾客面对面地交谈，并在短短几天里找到诸多销售线索？展会是能找到的、绝无仅有的销售和营销工具。然而，无数参展商却都未能有效地利用展会。成功利用展会的秘诀也许都是常识，但肯定没有多少人经常使用。

1. 不要坐着。展会期间参展人员坐在展位上，给人留下的印象是"你不想被人打扰"。

2. 不要低头看报。通常参展人员只有2~3秒的时间引起参观者的注意。如果参展人员在看报纸或杂志，是不会引起参观者注意的。

3. 不要在展会上吃喝。这样会显得粗俗、邋遢和漠不关心。

4. 不要打电话。每多用一分钟打电话，就会同潜在顾客少交谈一分钟。

5. 不要见人就发资料。这种做法或许会令人生厌，而且费用不菲。

6. 不要与其他展位的人交谈。参观者看到你在和别人说话，他们不会前来打扰你。尽量少和参展同伴或临近展位的员工交谈。

7. 不要以貌取人。展会上唯一要注重仪表的是参展企业的工作人员。参观者会按自己的意愿穿着，很多参观者在穿着上注重舒适，如牛仔裤、运动衫、便裤。因此，不要因为顾客穿着随意就轻视对方。

8. 要保持热情。热情洋溢将无坚不摧，而且十分有感染力。参展人员要热情地宣传自己的企业和产品。在参观者看来，参展人员就代表着他的企业。参展人员的言行举止和神情都会对参观者认识企业产生极大的影响。

9. 要善用潜在顾客的名字。人们都喜欢别人喊自己的名字。努力记住潜在顾客的名字，在谈话中不时提起，会让其感到自己很重要。

10. 要指定专人接待媒体人员。媒体人员也许会到展位找新闻，一定要安排专人作为企业与媒体的联系人，这样就可确保对自己企业的宣传始终保持同一口径。

二、明确客户标准

参展人员要明白，谁是企业的客户？企业的主要市场和客户类型是什么？客户的兴趣点分别是什么？客户最关注什么？

其实，来到展位上的客户很多都不是真正的客户。参展人员需掌握一定的业务技能，以便在接待客户时了解对方的意图和现阶段的需求，并在仔细分析客户的基础上进行筛选。

同时，千万不要以订单取人。因为在展会现场就能够谈妥的新订单数量是非常有限的。展位人员应利用机会建立信任，为以后的合作打下基础。

> 不要认为所有的外国人都是采购商，有的外国人并不一定是采购商，可能是展会主办者、国外厂家参展代表或者传媒代表。

三、真假买家的识别

（一）提专业性问题

展位人员可以通过交谈了解客户的真正意图：他购买的动机是什么？他的购买能力如何？他的兴趣点和关注点是否和企业的产品吻合？对具体产品规格、技术参数有何要求？希望接受的价位和打算订购的数量是多少？以前在哪里采购？与中国的哪些企业有过交往？目前的采购处于哪个阶段？通过提专业性问题，评估来访客户的真实性和专业性。

（二）客户名片

通过客户提供的名片判断客户的实力，如名片的质量、名片上的 Logo 是否与制服或箱包上的一致，来自哪个国家、城市，有没有独立的网站，是零售商、批发商还是进口商等。

（三）客户着装与肢体语言

展位人员要注意观察客户的肢体语言，包括眼神，查看样品的动作，沟通中的语音语调、表情变化，以及其着装细节。

（四）客户关注点

展位人员可以观察客户的关注点，如产品、质量、认证、价格、规格细分、服务、研发能力、新产品、合作对象、准时交货、社会责任、工厂、贸易公司等。关注具体单一展品的买家比对全部展品都感兴趣的买家要好。

（五）甄别是否是竞争对手

在展会上有时会有竞争对手来收集信息。同行的关注点与买家有所区别，同行对某个细节、环节和专业问题特别感兴趣。同行与买家的目的和着重点不同，同行喜欢盘问细节，问很专业的敏感问题。在平时的业务中，这些问题一般买家很少关注。

（六）使用现场面谈记录表

展位销售人员可以将现场面谈记录表拿在手上，边问边填写或请客户填写几个相关栏目。填写内容为与专业匹配的多重选择题，以测试客户的专业度和匹配度。

第四节　客户信息记录

一、参展记录本的格式设计

参展企业在展前应设计好参展记录本，将收到的名片订在上方，并且补充记录好名片上没有的信息，便于登记和展后跟踪。

参展记录本是展中管理销售线索的有效工具，可以将参展记录本以每本 50 页编码印刷。每位展位人员领取后登记编码，强调展中收到名片后，一律登记于册的规范动作，便于展后回顾时统计客户数量。

相关链接

如何记录名片上没有的信息

有的参展商在展后抱怨：展中很认真地接待客户，收集到 500 张名片，谈得都不错，但展后跟进时对方却杳无音信，收到的反馈寥寥无几，有的甚至像不认识一样。

展后跟踪无效的最主要原因是参展中没有有效记录客户个性化的兴趣点、关注点，导致最后跟进只能模板化、千篇一律，或是答非所问，使客户认为收到的是毫无意义的回访。

因此，应当详细记录每个到访的潜在客户的情况及要求、谈判结果，记录客户的相关信息，尤其是名片上没有的信息。千万不要凭事后回忆跟进客户。

现场信息记录要素包括决策者、采购角色、客户的关注点、品质的需求、各种报价、谈判过程和方式。

相关链接

电子名片在展会上的使用

在以往的展会上，少不了的是满天飞的名片，不少参展商在每天展会结束后总要花上一两个小时整理名片。但这些景象已成为过去，取而代之的是电子名片。

所谓电子名片，是组委会为参展商和参观者特制的参展证，通常用磁卡或带条形码的材料制作。在签发该证前，组委会会要求参展商或参观者输入个人资料，包括公司名称、联络办法、本人职衔、公司性质和业务范围等，然后把这些资料存入卡中。同时，组委会会购置这类磁卡或条形码的读取设备供出租，参展商可以自由选择租用与否。参展商租用设备后，只需将设备连接到自己的电脑上就可以使用。在与买家交换名片时，只需要将存有相关资料的入场证在读取设备上划过，所有资料就会在眨眼间被传输到参展商的电脑里。参展商还可以把双方谈话的要点记录在相应备注栏里，十分有条理地管理买家资料。

尽管这些设备比较昂贵，但可以由展会组委会统一购买、重复使用，参展商只需支付相应的较低的价格向组委会租用，十分实惠和方便。当这种工具被广泛应用后，展会组委会甚至不用再花人力做统计工作，便可以准确地记录入场人数。

二、现场面谈记录表

现场面谈记录表用于现场与客户交流的过程中，目的是了解客户对产品的具体兴趣和专业知识。参展企业应根据自己产品和市场的特点、专业客户的关注点、产品的规格和匹配性设计专业的现场面谈记录表，也可将此表印在参展记录本内。

展位人员在接待客户时可将表格拿在手上（如表7-1所示），采用多重选择方式打钩，边问边填写或请客户填写几个相关栏目。

表7-1　现场面谈记录表

客户名称	地区	形态				
		批发□	零售□	进口商□	工厂□	贸易□
认证	□ UL	□ CE	□ RoHS	□ ISO9001:2000		

（续表）

客户名称	地区	形态					
		批发□	零售□	进口商□	工厂□	贸易□	
材料	□ A	□ B	□ C	□ D	□ E	□ F	
配置	□ AK	□ BK	□ CK	□ DK	□ EK	□ FK	
工艺	□ A-1	□ B-2	□ C-3	□ D-4	□ E-5	□ F-6	
型号	□ A12	□ B32	□ C21	□ D31	□ E68	□ F92	
数量 / 单价							
级别评估							
其他							

三、录音笔记录

录音笔是展中与客户进行沟通的有效记录工具。目前市场上出售的便携式录音笔品种很多，大部分都有较强的功能，参展企业可以购买连续录 16 小时以上的、能分别设立 100 个文档功能的录音笔。

在展中，当展位人员与客户交换名片后，即可打开录音笔报出客户的名字和国家，并建立文档，结束后关闭或连续开设第二个文档，同时接待第二位客户。这种方式在展位繁忙时段特别有效。

当然，相关人员必须在当天晚上整理录音资料，按表 7-1 中的信息记录要素，整理录音文档，逐一登记到参展记录本上，以便展后逐一跟进销售线索。

四、主办方客户注册系统信息

去国外参展时，不少主办方为参展企业提供读卡器服务（买家注册时，每人都会拿到带有电脑芯片、条形码、词条、穿孔卡片或计算机编码的资料卡，注册信息包括买家基本信息，如姓名、公司、地址、电话、传真和其他相关资料）。参展企业可以利用主办方客户注册系统轻松便捷地收集来到展位的买家的背景信息。

第五节　展中销售技巧

一、学会发问与倾听

由于观展的买家时间有限，一般只有很短的时间能够停留在一个展位。因此，参展企业必须重点明确而且非常简洁地向他们介绍自己的产品。同时，展位人员应适时向买家提问。

> 绝大多数的参展企业从不向买家问问题，被动地等待买家提问、提要求，这样就错过了很多销售机会。研究表明，有40%的参展买家会在未达成任何意向的情况下离开展位，因为他们觉得参展企业没有花时间来了解他们的需求。

就像买家会对供应商进行分类一样，参展企业也需要对买家进行分类。向买家提出问题，挖掘其需求信息。

（1）获得联络方式（名片）。

（2）了解参观者是谁？他从事什么行业？是零售商、生产商、批发商还是进口商？

（3）了解所在的市场在哪里？业务规模如何？

（4）评估买家对自己的产品大概会有哪些要求？

（5）评估买家有无采购或影响采购决策的权力？

（6）询问这个买家可能什么时候会采购？目前处在哪个采购阶段？

只有掌握了这些信息，参展企业才能为买家提供他们所需要的产品。买家才会对参展企业能为他们提供合适的产品更有信心。

也有人担心展位销售人员先向客户提很多问题，而没有做产品介绍，会不会让客户感觉不满意。其关键在于展位销售人员是如何倾听和进行专业提问的。

（一）发问技巧

展位工作人员向客户发问的技巧如表 7-2 所示。

表 7-2 发问技巧

序号	技巧类别	具体说明
1	主动发问	开场白之后不要等待客户提问，应主动发问，为销售创造主动权。主动发问有利于收集客户的真实信息
2	注意发问的连贯性	（1）发问需连贯，不要在短时间内提出太多话题，如你来自哪个国家？对我们产品有什么具体要求？你的客户主要有哪些类型？你们的采购步骤是怎样的？这些问题缺乏技巧和连贯性，覆盖面太广，使客户产生被调查、盘问，没有得到足够的重视的感觉，同时也显得发问者缺乏专业性 （2）不要从广度发问而应从深度发问，应针对一至两个问题进行深入的了解，在发问的同时适当地交流客户感兴趣的信息，发现客户的问题和需求，如你来自哪个国家？从事什么行业？是批发商还是零售商？当得知客户来自法国，展位人员就应该直接告诉客户他们的哪些产品符合法国市场的标准，目前正和哪类法国客户合作等，然后再继续询问他们采购这类产品的关注点有哪些
3	多用开放式发问	开放式发问是请客户针对某一主题谈谈他的看法。一般用以下方法开场：什么／为什么，如何／为何，怎样／怎么样，请您谈谈
4	站在客户的立场	发问的目的是了解客户存在的问题并帮助其寻求解决方案，展位人员在发问时态度要诚恳，让客户感觉到专业性，同时也要站在客户的角度解读产品。零售商、批发商、贴牌生产商兴趣点各不相同，客户导向的发问是销售的关键
5	及时对客户进行判断	在与客户的双向沟通中判断该客户与企业的吻合度： （1）他是不是企业目标市场的客户 （2）客户的专业知识如何 （3）他有无采购或影响采购决策的权力 （4）客户的采购需求有多迫切 （5）客户言谈举止的真诚度有多高 依照上述的评估结果决定下一步的销售策略和方法
6	引导客户需求	如果遇到不懂产品的客户，就要按照自己的思路去发问，以便引导客户

（二）倾听技巧

展位销售人员不仅要学会发问，更要懂得倾听，因为通过倾听也可以发现客户的需求。常见的倾听技巧如表7-3所示。

表7-3　倾听技巧

序号	技巧类别	具体说明
1	真诚地倾听	展位销售人员在发问后应尽量让客户多说。可以让客户简单地介绍一下此行的目的，希望寻找一些什么样的供应商。有的客户会告诉你，有的客户不会直接回答你。不过，真诚地了解客户面对的问题，通过倾听挖掘客户潜在的需求，会让客户尽快解除防备心理逐渐接受你、信任你
2	使用积极的肢体语言	展位销售人员要稍微倾斜身子，对客户的表述做出适当的反应，如点头、微笑、眼神专注、面向客户仔细倾听等
3	复述客户的意思	沟通中通过复述客户的意思，总结客户的关注点来表示理解、赞同，可以提升交流的融洽度和针对性
4	观察客户的肢体语言	观察客户的肢体语言，判断客户话语的真正含义，从而把握销售的主动权；适当记录可以体现出销售人员的专业形象和认真负责的态度
5	不要打断客户发言	沟通中不要打断对方，否则会漏掉客户的讲话重点，错过潜在的销售机会，打断客户发言往往会引起反感

二、抓住客户的兴趣点

展位工作人员要十分明确企业的客户类型、出口市场、销售渠道和客户采购本企业产品时最关注的因素，例如，相比同类型的产品，本企业的产品有何优势；除了产品优势，本企业产品的价格如何，交货能否准时；本企业是否与行业中的知名企业合作；本企业的运作管理能力如何。

参展企业必须将产品或服务优势通过展台的布置和展位人员有效地传递给目标客户。如果参展企业能让客户觉得采购你的产品和服务是其最好的选择，或者能够得到较大的投资回报，那么客户肯定会下单。

不同的买家兴趣点不同，如大企业客户最关心的可能不仅是价格、质量，而是可信度。

参展企业可以运用一个简单的表格列出客户的兴趣点，如表7-4所示。

表7-4　客户的兴趣点

完成下列填充题，将帮助你在展中有效地锁定目标客户	
客户类型	□零售商　　□批发商　　□生产商　　□进口商　　□ OEM
出口市场	
销售渠道	□终端　　　□分销渠道　　□专业渠道
客户关注点	1. 2. 3. （列出客户采购产品时最关注的三点）

三、利益销售法

（一）特点销售与利益销售的区别

在展台的销售或销售演示中，许多销售人员进行的是特点销售而不是利益销售。特点销售与利益销售的区别如表7-5所示。

表7-5　特点销售和利益销售的区别

序号	类别	具体说明
1	特点销售	产品或服务所包含的特质，是一种客观的描述。如公司成立八年、有 OEM 能力、每年参加五次商展、生产的杯子是用专利陶瓷制作的
2	利益销售	产品利益是指客户从产品或服务的特征中获得的各种好处，是一种主观的描述。如公司成立八年与买家有什么关系，是不是专业生产制造陶瓷杯，为哪些客户提供 OEM 产品，每年参加的五次商展与客户的关系如何，杯子用专利陶瓷制作有什么好处

客户只关心自己的利益，并不在意产品的特点是什么，只有当客户明确其利益时，才会有兴趣与参展企业进一步交谈。

> 很少有客户会单凭产品的特点就决定购买。大多数客户在购买之前需要了解这个产品是否是其目前所需要的，这个产品是否会比其他同类产品多一些优势和收益。因此在销售中仅仅介绍产品特点很难促成客户的购买决定。

（二）利益销售法操作要点

展位销售人员在使用利益销售法时，需要把握的要点如表7-6所示。

表7-6　利益销售法操作要点

序号	要点类别	具体说明
1	确认客户的需求	如果客户没有需求，再好、再便宜的东西也不会购买
2	让更多客户知晓	了解的客户越多，找到客户的需求也越多，成交的速度也就越快
3	描述的利益正是客户需要的	不同的客户会有不同的需求，因此只有描述客户所需要的利益才能真正引起对方的兴趣。同一特点可以引申出不同的利益，只有当客户明白你提供的利益正是他所需要的，才可能激起他的购买欲望
4	不要介绍得太复杂	（1）介绍产品时要有针对性，要投其所好，介绍要有层次，先让客户对特点有印象，然后要让其对利益感兴趣 （2）在介绍产品特点及利益时，要尽量少讲多演示 （3）在介绍利益时，强调合作的客户、获奖证书、客户好评等能快速建立客户的信任度，引起客户的购买兴趣
5	在销售前做充分准备	只有充分准备好销售资料，才能更好地抓住销售机会。流畅的演示、精彩的说辞能够引起客户的注意和兴趣，这些需要预先练习。充分的准备可以为产品增添附加值，使客户更乐意接受

四、与老客户的沟通

参展企业要在展会之前预先邀请客户并与确定来的客户预约好日期和时间。在客户前来观展之前要准备好资料，包括客户提到的产品价格、性能、特点等，收集客户目前使用产品的反馈和对产品的新需求，准备如何应对客户的投诉和回答客户的问题等。

对于老客户，参展企业应在展中安排专人接待，征求老客户对产品服务的反馈，倾听客户对市场改进的建议，了解和挖掘客户新的合作需求，介绍新产品和服务。在老客户提出一些问题的时候，必须马上回答，如果不能当场回答就要承诺在一定的时间内给予答复。切记要为老客户的来访准备一份特别的礼物。

相关链接

如何在繁忙的展位里接待客户

一个展位的繁忙说明产品和服务受到买家的欢迎，但是任何一个买家都不希望在一个展位上耽误太多的时间。

因此当展位人员在接待客户的同时又有新客户或预约客户到来时，如何维持现有客户的交谈又不忽视新客户，平衡两者的关系呢？可以采用以下两种有效方法应对。

首先对目前接待的客户说："Excuse me for a moment."（对不起，请给我一分钟。）然后走过去很有礼貌地把名片递给新进来的客户并说："I am sorry, I will be free in another half an hour. Would you mind coming back？"（对不起，您能半小时以后来吗？）然后告知并写下展位号码及所在展馆，这样做会使客户感到受重视并乐意接受。

在展会高峰时段指派一名专职展位接待员，安排、照顾由于销售人员繁忙而无法抽身接待的买家，他/她不具体接待客户、洽谈业务，但为展位销售人员安排接待时间和记录有兴趣但不愿等候的客户信息。针对上述状况应主动招呼客户并建议客户过半小时再回来，或请买家观看一些有关的产品信息、视频和演示，避免让买家觉得受到冷落。

五、展会报价策略

在展会中报价太高会吓跑客户，说明专一性和诚意不够；报价太低，客户未必会与展位人员交流，不敢冒险做生意。客户看报价就能知道销售人员是不是行家。

现在为期三天的商展一般第一天都被买家称为"询价日"。各类买家根据自身采购需求、目标定位收集供应商和关联展品的信息，并拜访大量的供应商摸行情。

（一）展中报价策略

要想避免鹬蚌相争（价格竞争），让渔人（买家）得利，就必须做好展中报价工作。展中报价策略如图 7-1 所示。

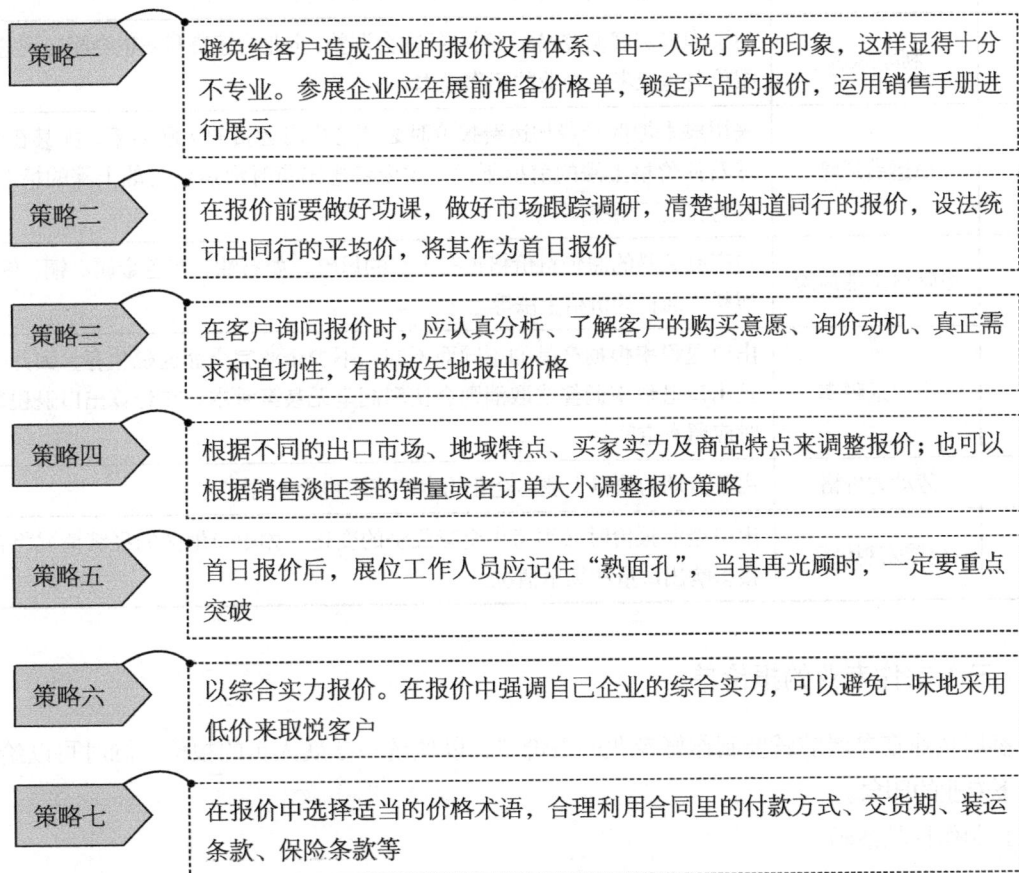

策略一	避免给客户造成企业的报价没有体系、由一人说了算的印象，这样显得十分不专业。参展企业应在展前准备价格单，锁定产品的报价，运用销售手册进行展示
策略二	在报价前要做好功课，做好市场跟踪调研，清楚地知道同行的报价，设法统计出同行的平均价，将其作为首日报价
策略三	在客户询问报价时，应认真分析、了解客户的购买意愿、询价动机、真正需求和迫切性，有的放矢地报出价格
策略四	根据不同的出口市场、地域特点、买家实力及商品特点来调整报价；也可以根据销售淡旺季的销量或者订单大小调整报价策略
策略五	首日报价后，展位工作人员应记住"熟面孔"，当其再光顾时，一定要重点突破
策略六	以综合实力报价。在报价中强调自己企业的综合实力，可以避免一味地采用低价来取悦客户
策略七	在报价中选择适当的价格术语，合理利用合同里的付款方式、交货期、装运条款、保险条款等

图 7-1 展中报价策略

（二）报价需考虑的因素

展位人员在报价时需要考虑的因素如表 7-7 所示。

表 7-7　报价时需考虑的因素

序号	因素类别	具体说明
1	报价有效期	每次报价一定要有一个报价有效期，尤其是在货币升值、原材料价格上涨、国家退税率政策的调整等情况下。否则，在展中报了价，几个月甚至一年之后买家可能还要用老价格采购。同时，设定有效期也能加快买家的考虑进度
2	汇率风险	在参展企业报价到接单出货期间（3～6个月）相关汇率会变化，因此在报价时参展企业需要按一定的比率调整报价
3	利率风险	由于国家宏观调控，银行利率经常会调整，企业的还贷利率也会相应调整，报价时也应考虑企业的运作成本
4	海运费风险	采用成本加保险费加运费报价时必须考虑海运费的上涨因素，尤其在全球石油价格上涨的前提下，一定要考虑出货时海运费可能上涨的情况，并为自己预留空间
5	原辅料上涨风险	与产品关联的原辅料价格也有上涨的风险，如石油、有色金属、铜、铁、塑料、面料的价格上涨等
6	出口退税率	出口退税率根据产品的不同而不同，不少企业完全靠退税生存，因此一旦出口退税率调整或取消则会使利润全无甚至亏本。在计算出口退税率时应留有空间
7	劳动力价格	由于劳动力价格上涨，企业的生产成本也会上升
8	全球宏观经济	出口企业报价时必须考虑全球经济的变化，如出口地区的经济情况将直接影响出口量和续单情况

（三）制作专业的报价单

参展企业在参展前就要制作好专业的报价单，以便统一参展人员的报价，同时可以给客户留下专业的印象。

1. 制作样品条码

制作样品条码可以方便展中即时报价。在展中，客户喜欢什么样品，工作人员用条码扫描器逐一扫描进电脑，便可得知产品的相关信息，从而快速提供报价。

2. 制作专业的报价单

如果决定为客户报价，应为客户制作并打印专业的报价单，报价单应包含的要素如图 7-2 所示。

报价单名称	→	报价单、产品系列、客户的名字、日期等
报价单顶端	→	左侧为公司的Logo，右侧为公司的名称及联系方式
报价单项目	→	产品名称、特征、图片、单价、规格及包装方式、样品原则等

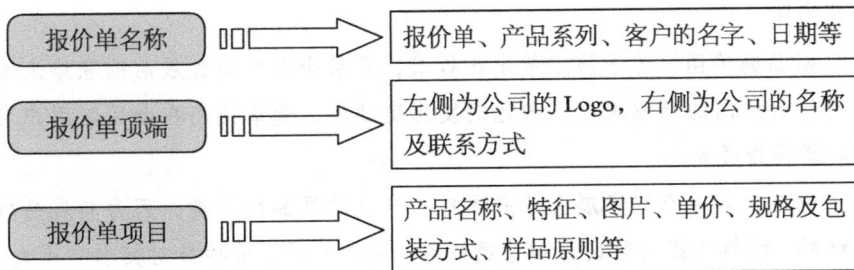

图 7-2　制作报价单应包含的要素

报价单底端为付款条款、银行账号等信息。将所有信息设计编写在 A4 大小的纸上，注意采用 PDF 格式，这种格式不易更改。在展位配备一台便携式彩色喷墨打印机，图文并茂的报价单即可呈现在客户眼前。

相关链接

如何防范新品被抄袭和仿冒

在当今的展会中，最令参展企业烦恼的是如何避免仿制样品的恶性竞争。在展示新产品、新技术、新概念吸引买家眼球的时候，一些容易被模仿的工艺制品、创意展品等会引来仿冒。那么，如何防范新产品被抄袭和仿冒，成了必须考虑的问题。

为了防范抄袭和仿冒，参展企业可以采用下列展示策略。

（1）不断创新。要对付抄袭者、盗版者，最好的办法是不断创新，推出新产品，让其永远追不上。

（2）展示一种概念，而非产品本身。参展企业要使产品在展会上吸引更多人的目光，就必须将产品的特色体现出来，从而让买家认识和接受。为了防止抄袭，参展时可展示一种概念、风格以及接下来的一种流行趋势，或设计专业的商展海报展示新品、新卖点及公司的优势。

（3）在酒店或展馆附近的酒店设立展示间展示新品，邀请专业买家前来洽谈。

（4）在展位中规定禁止拍照、摄影，张贴"请勿拍照"告示，以防范对新品外形设计进行仿冒。国际商展的参展章程中对拍照、摄影及临摹也有明确规定：没有展出者或主办者的同意，不能对展出物进行摄影、临摹、测定取型等。

（5）在与客户的谈判中不轻易给出新品，不随意作为样品赠送。

（6）设计专业精美的目录，聘请礼仪小姐帮助塑造企业形象吸引客户，由专业销售人员配合解答专业问题。

（7）发送新品邀请函。为了防止展中被抄袭，参展企业可通过展后的联络来传递产品的最新信息。对于有意向的专业观众，向他们发送邀请函，邀请他们在会后以用户名和密码登录专业网站观看最新展品。

（8）考虑综合优势。有些参展企业并不担心自己的展品被抄袭，因为其展品取胜之处在于服务、原材料、持续不断的新设计和营销特色，因此外观上的抄袭对其影响不大。

（9）利用主办方保护参展企业的知识产权条例。例如，在展中明确告知展品获得的专利和知识产权，用法律来约束抄袭行为。

第八章

展 后 管 理

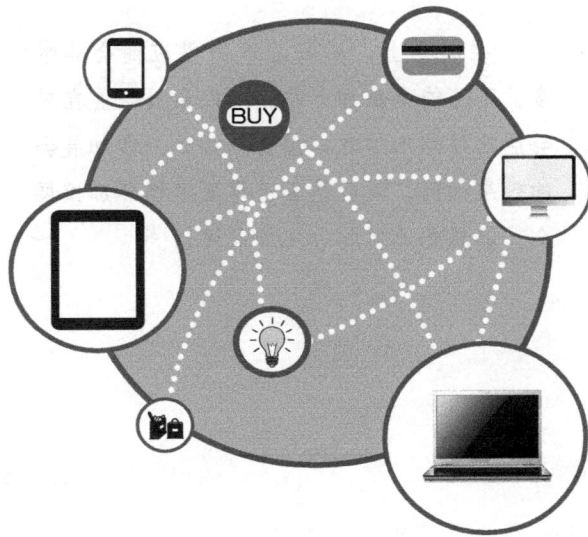

在展会上，买家结识的供应商会非常多，不可能全部都记住，所以参展企业在展会后的跟踪工作非常重要。另外，参加展会的效果如何，以后是否还需要继续参加该展会，参展企业对此也应加以评估。

第一节　展会结束后的客户跟踪

大多数外贸人都认为，展会结束才是真正商务活动的开始。参展企业一定要及时对在展会上收集到的买家信息进行跟进，否则时间一长买家对企业的印象或热情都会减弱。因此，展会后参展企业首先要对客户进行分类，明确哪些是已签约的客户、哪些是潜在的客户等。

一、整理展会客户信息记录

企业参展之后，需要对客户的基本信息进行登记（如表8-1所示），然后根据客户信息与其进行进一步的联系和沟通。

表8-1　展会客户登记表

序号 （Number）	公司名称 （Company）	国家 （Nation）	联系人 （Name）	职务 （Position）	电话 （Phone）	电子邮箱 （E-mail）	关注产品 （Products）	备注 （Other）

二、展会后的客户分类技巧与方法

（一）已签约客户——紧急跟进

已签约客户可以被划分为A级客户，是意向最明显的，因此企业参展回来后要马上按照其要求准备资料，催收货款，协调生产等。

不过，签约客户也并不一定就会下单。有些客户签过合同了，但后来在其他的供应商那里发现了更好的价格或更好的产品，便会放弃合作，或者因为市场发生变化，决定取消订单等。对客户来说，合同只是一种形式。因此，一旦客户迟不开证或不汇订金，企业一定要提高警惕，及时与其沟通，采取相应的措施，尽量挽回订单。

（二）有意向的客户——持续培养

有意向的客户在展会上可能交谈得比较投机，也会谈到很多细节问题。这类客户问的产品细节越多，意向越明显。对于意向客户，参展企业也要马上跟进，及时回复展会上没有解决的疑问，马上寄送其索要的样品，及时跟进样品的检测结果及订单情况。

这类客户也许最终没有下单，但不能放弃，一定要持续培养，还要一直保持联络。如果企业有新的产品，要及时向客户推荐，因为以后还可能有合作的机会。

（三）有分歧的潜在客户——要回旋

参展企业在展会上可能会与一些买家在某些条款上产生分歧，如价格、技术设计等。如果在展会上没有妥协，建议结束后先用邮件或电话取得联系，试探客户口风，把不能妥协的利益点再做陈述。如果有实例或同行比较能说服客户最好，实在行不通，再根据实际情况做调整。

（四）索要资料的客户——判断

在展会上，有的客户会索要样品册或者价格单，但参展企业由于准备不充分，无法在现场提供，那么在展会结束后要马上准备好发送给客户，然后进一步跟进。

> 要判断客户索要资料的目的是什么，判断其是不是同行或者其他进行资料收集的第三方。

三、展会后的客户背景调查与分析

展会结束后，在时间允许的情况下，参展企业应对重点客户做背景资料调查，这样回复的信息会更有针对性。

（一）名片上有网站的，直接看网站

查看对方网站的主要关注点是公司简介和产品展示，从公司简介里可以了解公司成立时间、公司规模、员工数量、销售额、主要市场等信息，从产品页面可以了解客户的产品范围、款式风格，有的销售型网站还会展示零售价格。参展企业可以根据这些信息综合判定客户公司的实力水平和价格定位。

（1）如果网站上展示了销售价格，分析与自己类似的产品的定价，多分析和比较几款产品，就能发现一个大概的价格规律，进而得出对方可以接受的报价。

（2）查看客户网站上的产品细节图，了解客户的喜好，然后投其所好，为对方提供满足需求的样品。

（二）名片上没有网站，只有公司名称、邮箱、电话的情况

（1）根据公司名称及邮箱搜索公司官方网站。

（2）在 LinkedIn（领英）里搜索公司名称，了解公司情况及主要负责人的资质。

（3）查看海关数据，如利用易之家等海关数据库，可以查看一些公司的最新进出口数据，以及最近的采购情况和供应商情况。

四、不同客户的邮件跟进模板

参展企业在展会上接待客户时，应根据客户的兴趣程度将客户分成有意向客户、感兴趣客户、了解信息的客户、"路人"客户。在展会后，对于不同的客户，采取不同策略进行跟进。

（一）有意向客户

这类客户有购买意向，基本属于已经决定要购买，只是不确定购买什么规格、数量，从谁那里买的问题。对于这类客户，在追踪的时候要重点询问其对规格的选择，追问客户的需求细节。通过关注具体的细节，吸引客户的注意力，推动客户向前走。

客户给你的信息越多，其与你合作的可能性就越大。

在竞争方面，要重点解决"你为何要从我这里买"的问题。价格是一个重要的方面，如果价格比竞争对手高，要主动说明为何高，产品好在什么地方。但价格甚至质量都不是最关键的方面，客户认为你是否值得信赖最关键。

其跟进模板如下所示。

Dear Peter,

It is very nice to talk with you on Canton Fair.

As per your request, I am sending you the detailed specification for ×××× model. FYI, we use high-quality imported material with zero lead for this model. It is very popular in European market, as consumers are more demanding for green products.

（从细节入手，给客户提供充足的信息，同时暗示你的东西是好的，为何价格会比较高。即便不直说，客户也清楚了。）

Can you tell me how many pieces do you need for this model？ And what is your requirement for the package？

（通过提问，将客户的注意力放在能够向前推进的细节上。只要客户一点一点地给你提供构成一个完整订单的详细信息，你就在向成功一步步迈进。）

Best regards,

Kate

对于有意向客户，参展企业要针对客户的需求，积极沟通。这类客户的比例可能只有10% ~ 20%，却值得花 80% ~ 90% 的时间。

（二）感兴趣客户

客户对参展企业的产品很感兴趣，但还没有下定决心要购买。为何没有下定决心，或因为需要进一步了解市场，或因为对目前的合作对象不甚满意，但又担心新供应商有风险。

对于这类客户，参展企业的重点是要推动其做决定，而不是强调他为何要同你合作，因为他还没有做决定。

1. 需要调研市场型

因为客户不了解市场，对产品能否畅销有顾虑，所以可以通过一些成功的案例，帮客户树立信心，同时要有耐心，甚至给客户提供特殊的优惠政策，让客户去试销。

其跟进模板如下所示。

Dear Peter,

It is a great pleasure to talk with you on Canton Fair, and know your interests in our ××× products.

After the fair, I collected a few more information on our sales, which might be helpful for you. FYI, for this model, our sales in ××× country（同客户接近的市场）is ×××. Our customers said that the market specially like the ××× feature of ×××（products）.

I am very confident that you can sell ××× very well in your market. Anything I can do to help you to research or test the market, please just tell me.

Best regards,

Kate

2. 对现有供应商不死心

重点是让客户意识到一个不合适的供应商对他的危害。注意，千万别攻击竞争对手，那样很不优雅，客户不会喜欢。可以攻击竞争对手产品的弱点，而不是竞争对手本身。

Dear Peter,

Thanks a lot for visiting us during the Canton Fair.

Behind every successful distributor, there is a capable & reliable supplier.

As a capable & reliable producing supplier for ×××，×××（知名大客户），we hope to be the one that stand behind, and give you firm support.

Can you give us a chance?

Best regards,

Kate

（三）了解信息的客户

这类客户往往对参展企业的产品还不甚了解，想了解一下信息。

对于这类客户参展企业应将重点放在帮助其了解产品的基本情况、产品的卖点、市场机会等。参展企业应尽力触动客户去深入调研产品，进而购买产品。

其跟进模板如下所示。

Dear Peter,

　　Very pleased to talk with you on Canton Fair.

　　To let you have more information about our product ×××, I attach our brochure for your reference.

　　Very briefly, this products target high-end market with better distribution profit margin. Consumers love it for its features :

　　1）

　　2）

　　3）

　　If you have high-end customers, this is a very good opportunity worthy to investigate further.

　　Best regards,

　　Kate

（四）"路人"客户

　　有些客户并非经营同类产品，销售渠道也没有，只是出于好奇来到你的展位上交换了张名片。对于这类客户，业务人员一般群发一封邮件即可，不需要在他们身上花太多精力。

　　相关链接

如何提升展后客户的回复率

　　参展企业在展会结束后向潜在客户发送跟进邮件时可以采用一些技巧来提升客户回复率。

　　（1）切勿盲目跟进。收集的客户的背景信息越详细，跟进邮件越个性化，提供给客户的卖点信息越专业，客户的回复率就越高。参展企业只有深刻理解客户的需求，才能有效地为客户服务，赢得客户的信任。

　　（2）展会期间尽量多收集来访客户的信息，记录名片上没有的信息。如客人关注的是什么？是价格、款式、准时交货、总代理、认证、新产品，还是其他方面？

　　（3）了解客户在寻找什么样的产品和供应商，客户愿意和什么样的业务伙伴合作。

（4）了解客户来到展位的初衷，例如，已采购但想了解行情，在挑选供应商或是在开发潜在的合格的合作伙伴等。

（5）撰写邮件的时候要表现出专业水平，如专业的产品名称表达、对产品的特点描述、价格、包装、生产时间、付款方式等，让客户感受到发信方是一个非常专业的供应商。

（6）在邮件内容中唤起客户的回忆，用明确的标题吸引其注意力。参展企业可以通过邮件重新介绍自己并提醒上次交谈的细节，提及客户感兴趣的具体的产品名称，附上展会上的合影。

（7）邮件直奔主题，回答客户感兴趣的问题。

（8）避免用随便报价的跟进邮件来吸引客户。

（9）为客户定制专业的报价单，包括报价单的名称、报价单的内容及格式、产品名称、产品图片、产品特点、样品条款、生产周期、发货时间、质保条款等。

（10）采用邮件与电话结合的方式跟进询问客户的需求，了解客户的兴趣点。

（11）最好不要群发邮件，避免跟进邮件没有差异化。

第二节　展后业绩评估与报告

一、展后业绩评估

展会后的工作包括销售业绩统计、客户资料整理、展前的准备、展中销售工作的回顾及总结。不少参展企业忽略了这些总结工作以及对展会效果进行的评估。

要想从一次展会中获得最大的投资回报率，参展企业必须在展会后做好总结工作，具体内容如下所述。

（一）参展人员展后总结

参展是与客户建立关系的第一步，因此展会结束后应立即召开总结评估会议。参展人员和非参展人员都要参加，由参展人员分享展会的性质、客户特点、所见所闻、体会、照片等参展见闻。有效的客户跟进远远重于名片的收集。

（1）参展人员要做好业务跟进，如电话回访客户、检查跟进签约客户、做好产品报价、安排生产等工作，在订单确认后尽量跟进每笔订单。

（2）分配展中收集的销售线索并建立销售线索跟进汇报机制。每位销售人员应定期向主管汇报各自负责的所有销售线索的跟进进度、目标达成情况。

> 对于某些大中型外贸企业，由于其派出的参展人员有限，回来后需将销售线索移交给整个外销团队去跟进。

如何避免移交后的销售线索因无效跟进而荒废？中小企业管理者应关注的移交内容主要包括图 8-1 所示的四个方面。

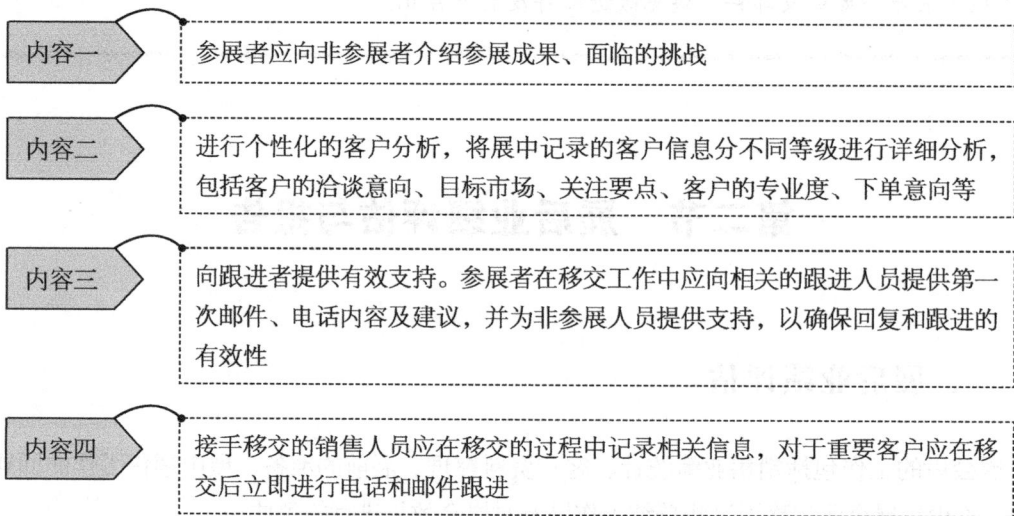

内容一	参展者应向非参展者介绍参展成果、面临的挑战
内容二	进行个性化的客户分析，将展中记录的客户信息分不同等级进行详细分析，包括客户的洽谈意向、目标市场、关注要点、客户的专业度、下单意向等
内容三	向跟进者提供有效支持。参展者在移交工作中应向相关的跟进人员提供第一次邮件、电话内容及建议，并为非参展人员提供支持，以确保回复和跟进的有效性
内容四	接手移交的销售人员应在移交的过程中记录相关信息，对于重要客户应在移交后立即进行电话和邮件跟进

图 8-1　展后移交工作的内容

（二）展出效果的分析

参展企业在展会结束后应立即进行展出效果的分析和评估，以便不断改进。参展企业越清楚地了解自己在展会上的表现，越有助于今后的工作改进。展出效果的分析事项如表 8-2 所示。

表 8-2　展出效果的分析事项

序号	事项类别	具体说明
1	展位位置	方便客户寻找吗？是否接近人流量大的地方？是否靠近入口或出口处？是否避开了柱子、管道、会议室、灰暗区域
2	展位尺寸	是否考虑了展品数量、预期买家数量、参展人员数量等因素
3	展位设计	是否有明确的产品／服务诉求点？是否有方便进出的"交通"路径？展品陈列是否方便接近？是否容易散发宣传材料？是否具备了会谈、咨询、展示功能
4	POP 配合	是否有专业清晰的设计、独特的卖点、简洁的语句、方便阅读的大号字体和统一的公司形象
5	展前、展中推广的效果	推广是否具有成本效益？展会礼品、展前推广进行得如何？是否有个人邀请函、广告（贸易出版物、当地媒体）、直邮广告、电话推广等
6	展会流量统计分析	根据主办机构提供的参观者数据，分析展会的专业客户数量和质量，以及前来企业展位的买家数量和质量

（三）展后目标达成评估

为了对参展目标进行有效评估，在展前设立清晰的目标是不可或缺的。展后的目标达成评估应从具体有形的销售目标和整体无形的价值两方面考虑，具体如下所述。

1.具体有形的销售目标

（1）收到名片并记录相关客户数。

（2）成交额。

（3）成交笔数。

（4）意向成交额。

（5）实际成交额。

（6）新客户成交额。

（7）老客户成交额。

（8）展会期间成交额。

（9）预计后续成交额。

（10）销售线索数。

2. 整体无形的价值

（1）企业知名度、形象。

（2）客户忠诚度、客户关系优化。

（3）国际／国内市场信息、客户／市场认知度，展会参观者对企业及展品的印象。

（4）信息收集，包括买家对企业展品的反馈、竞争对手的信息、技术动态、行业信息。

（5）参展技巧，包括布展技巧、推广技巧、展中与买家的沟通技巧、客户追踪技巧。

（6）新人培训、激励团队合作精神等。

（四）竞争对手分析

调查竞争对手派遣了多少人参展、展位面积有多大，他们本次参展的重点是什么，有哪些新的促销活动、目录，展位流量如何，到本企业展位的参观者有没有提到他们，分析自己的产品、销售人员、展品、宣传资料、顾客评价和展会前的营销策略及其在实施效果方面与对手的差距。将这些资料收集完备后，参展企业就要通过一些问题来评价这些差距，具体如图 8-2 所示。

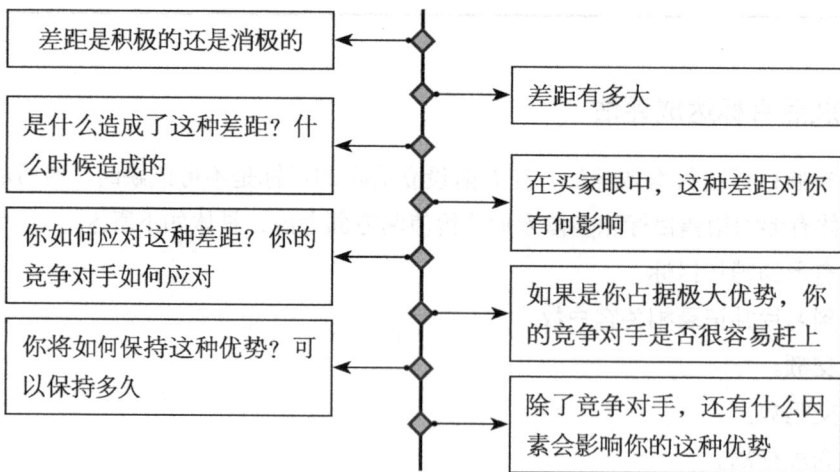

图 8-2　分析竞争对手的要点

二、撰写展后总结报告

在展会后参展团队必须以报告形式向上级汇报评估结果，结合目标实现状况，提出未来预期情况、改进措施、面临的挑战等。良好的总结报告能为下一次参展积累宝贵的经验。因此，相关参展人员务必认真总结和回顾！

> 总结报告必须简洁明了，方便阅读，用具体数据、照片、事实、问卷等进行展示，也可以以简报形式报告。

总结报告框架为外销团队在展会后撰写总结报告提供了架构和思路，具体如表8-3所示。

表 8-3　总结报告框架

序号	类别	具体说明	
1	背景	展会名称、时间、地点、目的、参加人数、投资费用	
2	观察	内部观察	买家的反馈，包括产品、服务、价格、认证、研发等
		外部观察	竞争对手、行业信息、新竞争品牌、新市场及产品技术
		对展会的观察	买家的总体质量、展会的整体客流量、来展位的客流量
3	建议	（1）在评估参展效益后，应分析总结成功经验及失败原因，以便提高。如果未能达到预期目标，原因何在。是展会主办机构的原因，如观众数量、质量不理想、管理不力等，还是自己的原因。仔细检讨参展活动的各个方面，包括计划、预算、展台设计、宣传及员工表现，以及是否还会再次参加该展会？是扩大展位还是缩小展位？展品是否需要调整等 （2）对管理层提出建设性建议（非抱怨）	
4	预估	预估应取得的有形、无形业绩。用事实、数据说明有无达到销售目标。如收到名片并记录相关客户数、成交额、成交笔数、意向成交额、新客户成交额、老客户成交额、展会期间成交额、预计后续成交额。注重整体无形价值，包括企业知名度、客户忠诚度、国际／国内市场信息、产品信息的掌握程度、销售人员业务水平的提高等	

在此，提供一份展后总结报告（结构样板），供读者参考。

【范本】展后总结报告（结构样板）

展后总结报告（结构样板）

展会名称：	
时间：	地点：
参加人数：	投资费用：
参展目的： 1. 2. 3.	
参展业绩回顾	
有无达到销售目标、成交额：	
企业知名度、形象、客户忠诚度：	
国际、国内市场信息，产品信息：	
参展技巧、布展、现场沟通技巧：	
参展的综合观察评估	
内部观察：	
外部观察：	
对展会的观察：	
建议	

报告者：　　　　　　　　职位：　　　　　　　　日期：

第九章

海外参展的展品运输

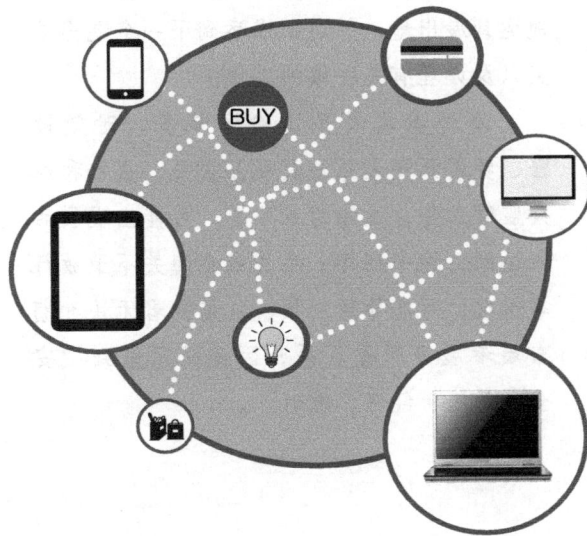

海外参展展品运输是将展出所用的展品、道具、资料、行政用品、工具等用陆运、空运、海运或综合方式将货物从原所在地运到展出地，并运回或运到下一个展出地点以及办理有关手续的工作。

海外参展展品运输环节多、时效性强、费用开支大并涉及展品报关、报检和海关监管工作，运输组织不当，可能出现展品未运到，途中损坏、丢失或者海关不予放行等情况，可能导致货损、货差或者无法如期布展参展等严重后果，因此必须做到"安全、便捷、经济、准时"。

第一节　展品包装与装箱

海外参展展品的包装箱一定要牢固、可靠，在整个运输途中展品要经历多次搬运、装卸，很多国内参展企业的包装箱到了目的港后已经破损，严重的甚至展品也遭到了损坏，这样就会直接影响参展效果。

一、展品包装分类

展品包装是展品运输工作涉及的第一项工作。其工作内容依次为打小包装、打大包装、打印标识、衡量重量和尺寸、装箱、制作清册。在展出地，展品破损是无法更换的，因此展品包装要比普通包装要求高。此外，展品衡量、造册工作比正常贸易运输要复杂。正常贸易运输往往品种单一、尺寸单一，而展品运输往往品种复杂、尺寸不一。

（一）销售包装

展品的直接包装是小包装，也称销售包装。展会结束后，展品或者回运、或者赠送、或者售出。在大部分情况下，展品还要再包装。因此，展品小包装不能是一次性的包装。小包装的功能有两种，具体如图9-1所示。

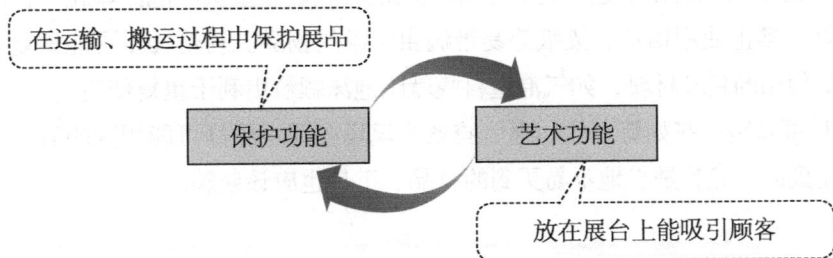

图9-1　小包装的功能

如果展品是直接展出（裸展）的，可以不考虑小包装的艺术效果，而着重考虑其保护功能。小包装要能够用人工搬动，因此要注意重量。为了装卸、搬运方便，包装箱不宜过大，小包装箱大多是纸箱。

（二）运输包装

小包装外需要大包装，也称作运输包装。大包装箱多是纸箱和木箱。如果可能，尽量使用纸箱包装，因为有些国家对木箱包装要求严格，规定必须使用经过处理的木材。展品包装箱应当坚实、简便。运输包装箱应结实、耐用以适应长途运输的需要。包装箱应设计简单，以便非专业包装人员可以打包和拆包，可以人工开箱并再封箱而不用借助器械。

> 大包装箱无论是纸箱还是木箱，在封箱后最好再用打捆机打捆。因为纸箱的胶条和木箱的钉子不一定能承受反复装运。大包装也要注意尺寸，要能够出入展场的门和电梯。

（三）集装箱和木套箱

大包装箱还不是真正的运输箱，用于运输的箱子是集装箱或木套箱。展品箱尺寸不一，要紧凑地装入运输箱中需要一定的技术。因此，将样品装入运输箱时最好由有经验的人指挥。装箱要紧凑，一是防止运输途中摇晃，二是为了节省体积，因为运输费用是按体积计算的。另外，易碎物品箱最好放在运输箱的上部，以免被压坏。

（四）包装衬垫物

衬垫物应使用规范的化学包装材料，如气泡塑料膜、压塑块、泡沫颗粒等，因为它们的防震压性能好。禁止使用稻草、废纸等易带病虫害源的物品。衬垫物尽可能重复使用，因此要用可以重复使用的包装材料，如气泡塑料膜就比泡沫颗粒更利于重复使用。

在装箱时可以装一些如钉、钩、绳、胶条等现场布置、维修可能用到的五金工具。对于布置展位时用到的，尤其是当地不易买到的物品、工具也应该装箱。

> 易燃、易腐、有毒展品严禁装箱，一般使用替代品，这在选择展品时就要考虑到。

二、包装箱标识

（一）外包装箱的唛头

外包装箱的唛头一定要按照运输代理的要求张贴，通常唛头上要显示展会名称、展商名称、展馆号、展位号以及箱号、体积、重量等信息。尤其是参展企业的展馆号、展位号一定要准确清晰，只有这样才能保证在派送的时候准确送达参展企业的指定展位。外包装箱的唛头如图 9-2 所示。

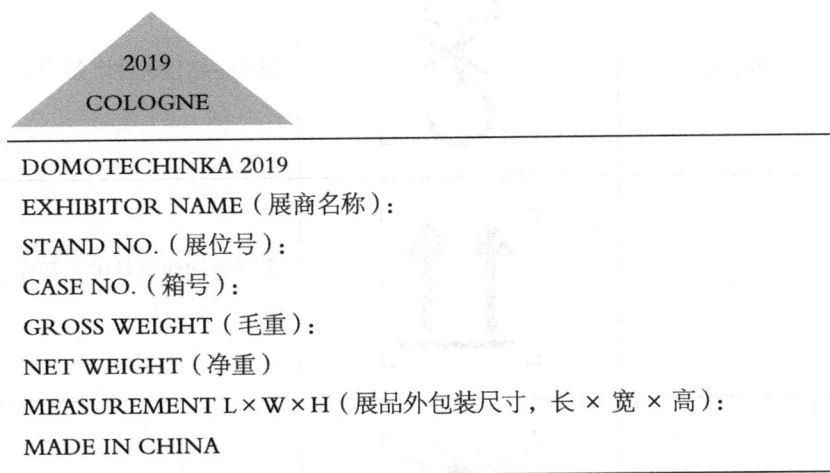

```
          2019
        COLOGNE
─────────────────────────────────────
DOMOTECHINKA 2019
EXHIBITOR NAME（展商名称）：
STAND NO.（展位号）：
CASE NO.（箱号）：
GROSS WEIGHT（毛重）：
NET WEIGHT（净重）
MEASUREMENT L×W×H（展品外包装尺寸，长 × 宽 × 高）：
MADE IN CHINA
─────────────────────────────────────
```

图 9-2　外包装箱的唛头

（二）特别标记

运输标识一般打印在包装箱的顶部和两侧。对于易碎物品，要打上国际通用的易碎标识——"玻璃杯"。如果有其他要求，也要一一标明。例如，需要防潮就打上"雨伞"标识，其他标识有"不能倒置""重心在此""挂缆绳处"等。表 9-1 所示的为国际上通用的运输标识，参展企业可以根据产品的需求将其打印在包装箱上。

表 9-1　国际上通用的运输标识

序号	标识名称	标识图形	含义
1	易碎物品		运输包装件内装易碎品，因此搬运时应小心轻放
2	禁用手钩		搬运运输包装件时禁用手钩
3	向上		表明运输包装件的正确位置是竖直向上
4	怕晒		表明运输包装件不能直接照晒
5	怕辐射		包装物品一旦受辐射便会完全变质或损坏
6	怕雨		包装件怕雨淋

（续表）

序号	标识名称	标识图形	含义
7	重心		表明一个单元货物的重心
8	禁止翻滚		不能翻滚运输包装
9	此面禁用手推车		搬运货物时此面禁用手推车
10	禁用叉车		不能用升降叉车搬运的包装件
11	由此夹起		表明装运货物时夹钳放置的位置
12	此处不能卡夹		表明装卸货物时此处不能用夹钳夹持

（续表）

序号	标识名称	标识图形	含义
13	堆码重量极限	┌---Kg_{max} ↓ ■	表明该运输包装件所能承受的最大重量极限
14	堆码层数极限	⊠ n ■	相同包装的最大堆码层数，n 表示层数极限
15	禁止堆码	⊠ ■	该包装件不能堆码并且其上也不能放置其他负载
16	由此吊起	⛓	起吊货物时挂链条的位置
17	温度极限	🌡	表明运输包装件应该保持的温度极限

　　每个包装箱都要有清晰的标识，一是为了防止运输中丢失或弄混，二是为了在展品堆积如山的展会现场容易辨别寻找。包装箱都需要量尺寸、称重量，以便制作体积衡量单。

三、装箱单和展品清单

　　展品装入小包装箱,再装入大包装箱,最后装入运输箱。装箱数量一定要准确,要防止漏装、错装、装箱不符的情况发生。为做到这一点,企业在任何一个装箱过程中,都要安排一人点货、一人记录。展品运输的特点之一就是"杂",任何一个环节疏忽,就有可能造成装箱单和展品清单的错误。装箱后,需要制作装箱单和展品清单。装箱单和展品清单必须准确、清楚,必须与箱内展品相符。

　　下面提供一份展品装箱单和一份展品清单,供读者参考。

【范本】展品装箱单

展品装箱单

箱号：　　　第__箱

序号	品名	型号及规格	单位	数量

【范本】××国际商品展会展品清单

×× 国际商品展会展品清单
(Exhibition List)

序号 （No.）	展品名称 （Description）	单位 （Unit）	数量 （Qty）	总值 （Total value）	体积（长×宽×高） （Cubic Meter）

第二节　运输筹划

为确保展品顺利到达参展地，参展企业必须做好运输统筹策划。运输筹划涉及运输方式、运输路线、运输日程、运输费用、运输公司和代理等因素。

一、运输过程

（一）复杂的运输过程

复杂的运输过程包括四个步骤，具体内容如图 9-3 所示。

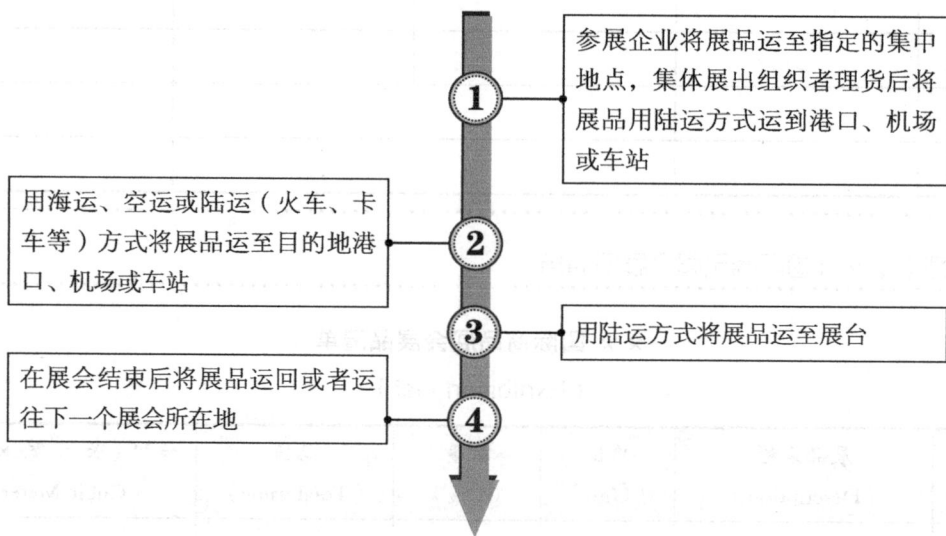

① 参展企业将展品运至指定的集中地点，集体展出组织者理货后将展品用陆运方式运到港口、机场或车站

② 用海运、空运或陆运（火车、卡车等）方式将展品运至目的地港口、机场或车站

③ 用陆运方式将展品运至展台

④ 在展会结束后将展品运回或者运往下一个展会所在地

图 9-3　复杂的运输过程包括的四个步骤

（二）最简单的运输过程

最简单的运输过程是门到门运输，即由参展企业所在地将展品直接运到展台。

二、运输筹划内容

（一）调研

参展企业在进行运输筹划之前首先要掌握相关情况，这就需要进行调查研究。调研的范围应根据工作需要安排，主要包括以下几个方面。

（1）运输公司。

（2）报关代理。

（3）交通航运条件。

（4）可能的运输路线和方式。

（5）出发地和目的地。

（6）车船运输设备。

（7）港口设备和效率。

（8）安全状况。

（9）运输周期和轮班、班车、航班时间及费用标准。

（10）发运地和展出地对展品和道具的单证和手续要求及规定。

（11）本国和展会所在国的海关规定、手续、税率、特殊规定。

（12）展会所在国对展品进口和处理、运输、保险等的规定和要求。

（13）展出地是否许可办理临时进口手续以及免费进口宣传品、自用品等。

（14）参展企业所在国和展会所在国是否都加入 ATA 公约，以便通过商会索取临时进口表格并办理有关手续。

（15）展会所在国对展品和道具的处理规定和手续，涉及出售、赠送、销毁、回运。

（16）海关是否对展会有特别的规定，例如，给予展会的配额。

> 大部分情况可以通过展会组织者了解，或者通过运输公司或运输代理了解。调研内容越详细越好。

（二）路线与方式

运输路线与运输方式有着密切的关系，常常互为决定因素。最简单的运输路线是门到门运输。门到门运输是将卡车开到参展企业所在地装货,然后直接开到展场卸货的运输方式,不是指将货物交给运输公司,由运输公司安排运输,在展场交货的门到门运输服务。

1. 运输路线

最常使用的国际运输路线可以分为三段,具体如图9-4所示。

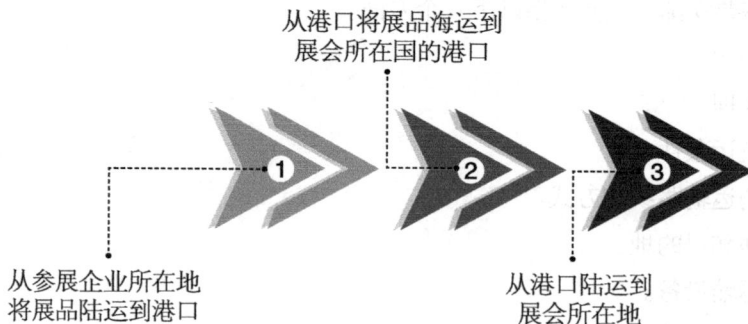

图 9-4　三段运输路线

2. 运输方式

运输方式主要有海运、空运、陆运、散运、专运、自带等;运输方式也可分为集中运输、分散运输、专运等。各种运输方式有着不同的特征,具体如表9-2所示。

表 9-2　运输方式的特征

序号	方式名称	特征说明
1	海运	运输时间长,但是费用低。海运是参加海外展会展品运输的主要和经常使用的运输方式
2	空运	(1)运输时间短,适用于时间紧、货物少、特殊货物的运输,如生鲜产品等 (2)空运费用一般比较高,但如果货物少,只有几小箱,则可能更节省费用
3	陆运	(1)运输时长介于海运和空运之间。陆运是展览运输使用最广泛的、不可缺少的方式 (2)海外展会需要安排港口两端即港口与参展企业所在地和港口与展会所在地的陆运
4	散运	散运也称一般货运。运输公司在仓库收货,拼装发运。拼装可能需要比较长的时间,但是收费比较低廉
5	专运	运输公司在仓库收货或到发运人指定地点收货并将货物直接发运到目的地。专运运输时间短,但是收费要高一些

3. 选择运输路线和方式时应考虑的因素

参展企业在选择运输路线和方式时应考虑的因素如图9-5所示。

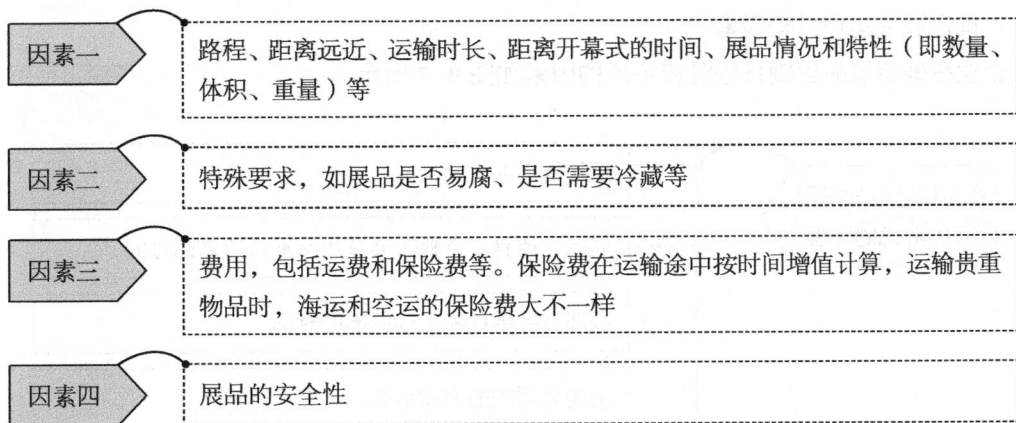

因素一	路程、距离远近、运输时长、距离开幕式的时间、展品情况和特性（即数量、体积、重量）等
因素二	特殊要求，如展品是否易腐、是否需要冷藏等
因素三	费用，包括运费和保险费等。保险费在运输途中按时间增值计算，运输贵重物品时，海运和空运的保险费大不一样
因素四	展品的安全性

图 9-5　选择运输路线和方式时应考虑的因素

4. 运输路线和方式的安排原则

运输路线和方式的安排原则如图9-6所示。

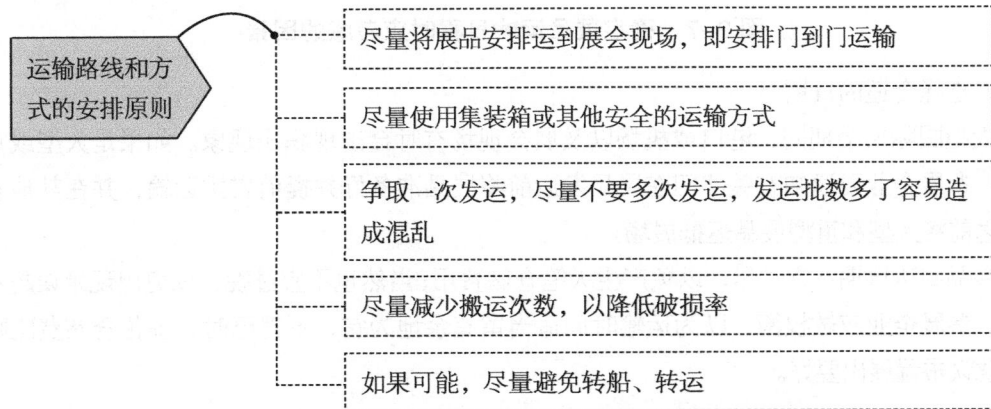

运输路线和方式的安排原则	尽量将展品安排运到展会现场，即安排门到门运输
	尽量使用集装箱或其他安全的运输方式
	争取一次发运，尽量不要多次发运，发运批数多了容易造成混乱
	尽量减少搬运次数，以降低破损率
	如果可能，尽量避免转船、转运

图 9-6　运输路线和方式的安排原则

（三）日程

展品运输日程要尽早安排，包括展品、道具、资料等展览用品的筹备。

重要的展品运输日期主要包括展品开始征集日期、展品制作日期、展品备妥或集中日期（也称作交箱日期）、安排运输日期、办妥单证手续日期、办理手续日期、装车日期、陆运发运日期（一般与装车同日）、装船日期、海运发运日期、中转日期、抵达目的港日期、运抵展会指定地点日期以及回运和调运的日期等。

1. 确定展品运输日程因素

企业在确定展品运输日程时应考虑的因素如图 9-7 所示。

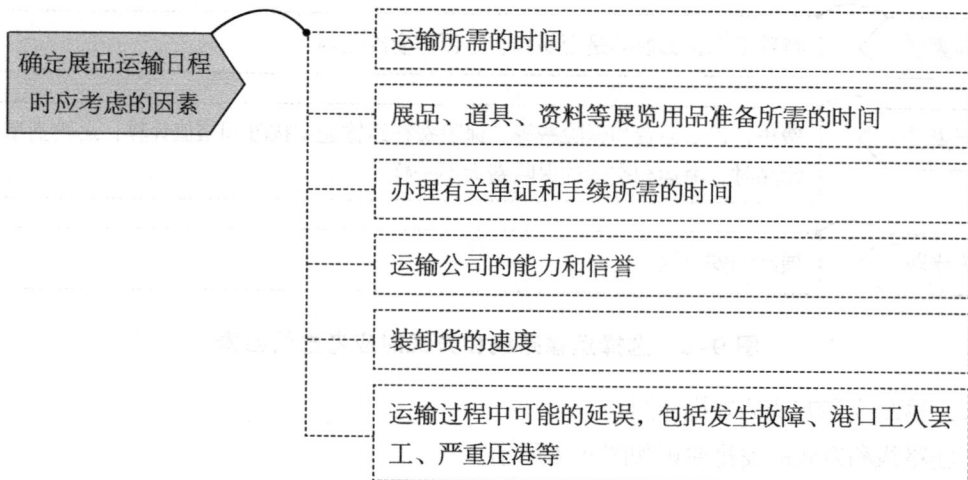

图 9-7　确定展品运输日程时应考虑的因素

2. 选择合适的日期

大型国际展会期间，港口或机场以及展会现场有时会出现积压现象。如果是大型或重型展品，参展企业要通知有关部门在展品发运前将展品准备好并提前安排运输，并在其他参展企业之前将大型和重型展品运抵展场。

展品到达日期不宜过早，以免产生大笔仓储费用；当然也不宜过晚，以免出现延误赶不上展会。参展企业应做权衡，以为运输时间适当留有余地为宜，不得已时，多花仓储费比晚运到、耽误布置展出要好。

运输方式和日程确定后，参展企业应尽快做出具体安排，通知并监督所有有关方面协调做好工作，以免出现该发运的展品还未制作好等情况。

（四）费用

参展费用包括展品费用和运输费用。展品费用可以划入正常的经营管理费用，因此大多不反映在参展费用中，不过参展负责人应当心中有数，在确切地计算展览成本效益时需要考虑展品费用。

运输费用在参展费用中所占比例较大，通常分为运费（陆运、海运等）和杂费（装卸、仓储等）两大类，统称运杂费。具体包括发运地陆运费及杂费、发运地仓储费、装货港港口劳务费、保险费、海运费、目的港港口劳务费、装卸费、堆存费、港口至展馆运费、装卸费、空箱存放费、空箱回运费、运输代理费、海关代理费等。

> 关税、增值税、消费税、所得税、附加税等往往也一并算入运输费用。

1. 运输业常见术语

运输业常见术语如图 9-8 所示。

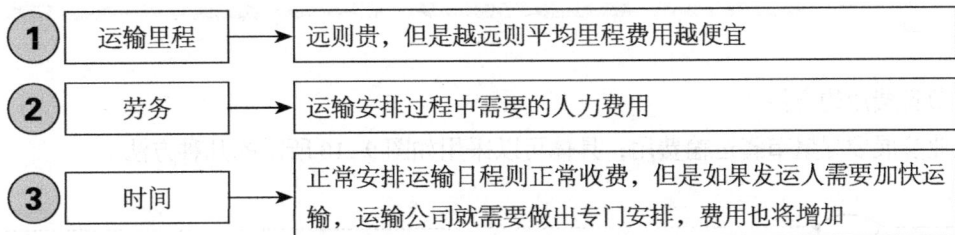

①	运输里程	远则贵，但是越远则平均里程费用越便宜
②	劳务	运输安排过程中需要的人力费用
③	时间	正常安排运输日程则正常收费，但是如果发运人需要加快运输，运输公司就需要做出专门安排，费用也将增加

图 9-8　运输业常见术语

2. 运费的计算方式

运费的计算方式有很多种，具体如图 9-9 所示。

按货物性质划分收费标准	⇨	如农产品、轻工产品和电器产品的运费不同，电器产品的运费要高一些

图 9-9　运费的计算方式

| 按货物包装划分收费标准 | ⇒ | 如裸装货物（家具等）、裸箱混装货物和装箱货物的运费不同，后者要高一些 |

| 按货物数量划分收费标准 | ⇒ | 如几箱货和整车货（一般半车货也可算作整车货）的运费不同，前者要高一些 |

| 按尺寸、重量计价的收费标准 | ⇒ | 一般按标准高的收费。例如，如果运送泡沫塑料，就按尺寸收费，如果运送铅锭，就按重量收费 |

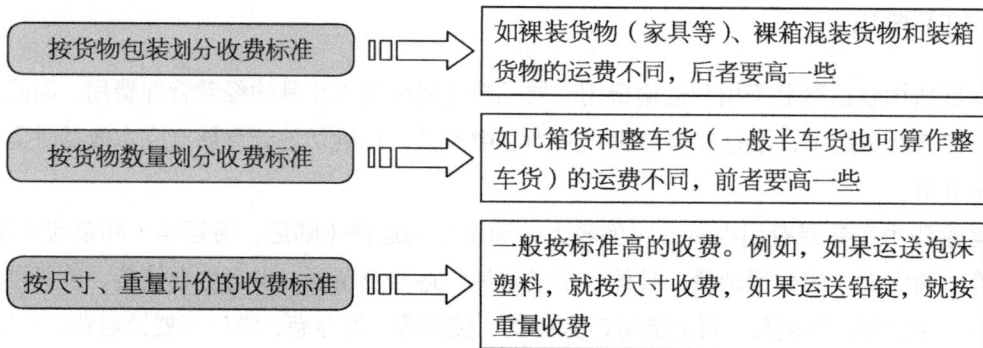

图 9-9　运费的计算方式（续图）

在计算尺寸时，其不完全是按包装箱计算，还需要考虑运输箱（如集装箱）的尺寸。即使是尺寸一致的包装箱，码放在集装箱内也不可能完全占满集装箱的空间，四周和上部可能有多余空间。如果是尺寸不一致的包装箱，浪费的空间就会更多。因此，运输公司将按运输箱计算尺寸，而不是按包装箱的尺寸计算收费。

> 参展企业的发运人可能没有专业知识或条件去计算、安排运输尺寸或重量，不过其可以根据展品、道具和运输箱的尺寸预估运输费用。

3. 节省费用的方法

企业参展要尽量节省运输费用，具体可以采用如图 9-10 所示的几种方法。

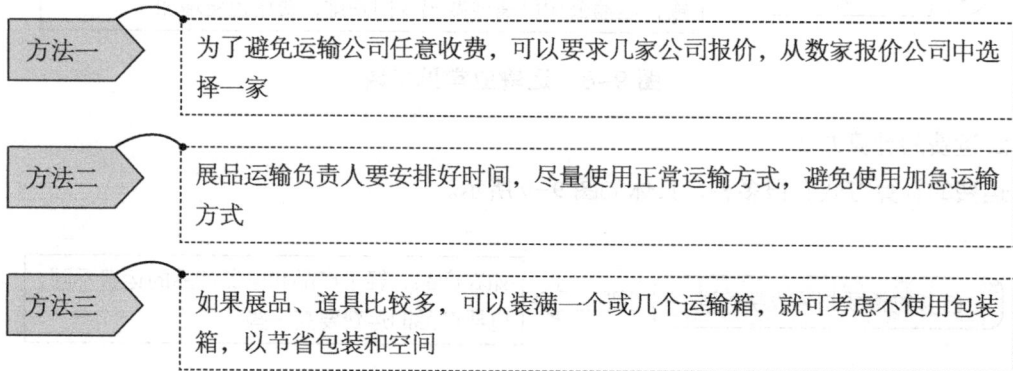

| 方法一 | 为了避免运输公司任意收费，可以要求几家公司报价，从数家报价公司中选择一家 |

| 方法二 | 展品运输负责人要安排好时间，尽量使用正常运输方式，避免使用加急运输方式 |

| 方法三 | 如果展品、道具比较多，可以装满一个或几个运输箱，就可考虑不使用包装箱，以节省包装和空间 |

图 9-10　节省费用的方法

方法四	如果展品运输任务比较多，可以固定使用一家运输公司，要求对方提供优惠。运输公司在运量达到一定标准后会降低运输费用
方法五	如果可能，统一安排运输，其费用比分散运输的要低
方法六	在签订有关运输合同和服务合同前要明确费用标准；支付时，要逐一核对有关单证、项目、数据，确认无误后再付款；如有错误则要求更改，巧立名目的款项要拒付；费用付清后要索取"一切费用结清证明"

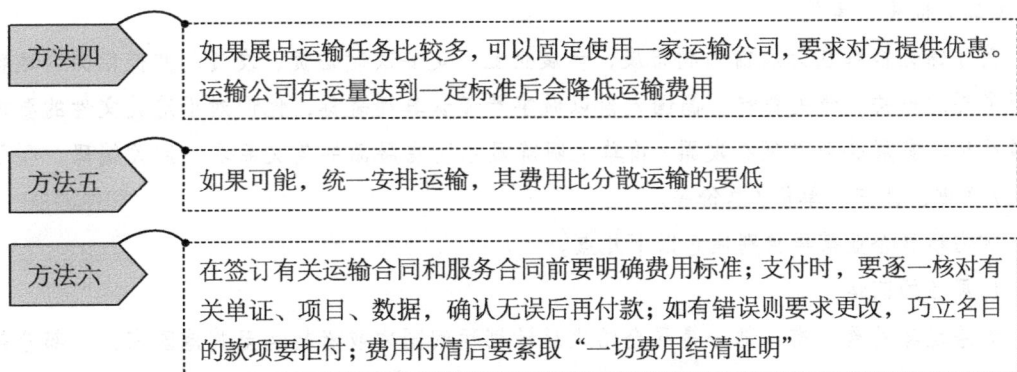

图 9-10　节省费用的方法（续图）

相关链接

欧洲展品运输介绍

德国、意大利和法国是中国展商去欧洲参展的主要目的国，这三个国家的会展业发展相对比较成熟，拥有国际著名的展览公司、会展城市及展览品牌，以下介绍展览运输实际操作中的要求及注意事项。

一、德国的展会

德国的会展城市主要有法兰克福、科隆、杜塞尔多夫、汉诺威、慕尼黑、埃森等，上述城市汇集了德国绝大部分的国际知名展会，例如，法兰克福的国际消费品展、科隆国际五金展、杜塞尔多夫国际广告展、汉诺威工业展、慕尼黑印刷展、埃森轮胎展，等等。

（一）目的港及货运时间

对于德国的展览运输，通常目的港是荷兰的鹿特丹或者德国的汉堡。对于到达目的港的最晚期限，通常为开展前的 10 ~ 15 个工作日，以便国外代理有充足的时间完成相关的海关手续。货物在上述港口完成清关（永久进口或者临时进口）手续后，再陆运至举办展会的城市。由鹿特丹或者汉堡运送至展会目的城市通常需要 3 个工作日左右，通常由国内港口海运至鹿特丹或汉堡需要 30 天左右。所以，参展企业在国内要预留充分的备货时间，按照国内货运公司的时间节点，将货物及时运送到出货港。德国展货运代理对于晚到货物通常加收高额的晚到费，根据晚到的具体时间加收总费用的 30% ~ 100%，且不保证能够在开展前将展品送至展位。

（二）报关、清关

为了保证能够在开展前顺利布展，参展企业一定要及时备货、发货，并提供国内运输公司所需要的报关、清关资料。德国人素以做事严谨认真而著称，他们对于清关文件的要求也非常严格。参展企业必须在发票 / 箱单上明确显示所有展品的英文品名、海关编码、型号以及毛 / 净重、体积、单价 / 总价等。

国内参展企业需要特别注意以下几点。

1. 展品的回运

如果运输的展品有一部分是展会结束后计划运回国内或者转运至其他国家，一部分是展会结束后销售或者赠送，则前者需做临时进口的清关，后者需做永久进口的清关。参展企业需要按照德国海关的要求分别准备两套清关资料，即永久进口清关文件和临时进口清关文件，而不能将二者混在一起。通常其他国家对于上述情况也都有相同的要求。

2. 展品的货值

关于展品的货值，通常国外要求形式发票上的货值都是 CIF（到岸价），即货物的实际货值加保险、运费后的价格。关税最终是以目的国海关确定的 CIF 货值来征收。参展企业必须如实申报展品的实际货值，如果故意贬低货值则不会被德国海关接受，从而造成海关重新估值，甚至处以罚款。最终导致展品的清关时间延长，甚至无法及时清关。为了少交关税而影响展品顺利清关，实在是得不偿失。对于回运（或者转运）的展品，须提前在国内贸促会申请办理 ATA 单证册，并同其他相关资料（发票、装箱单等）一并交与运输代理，从而办理海关临时进出口手续。通常 ATA 单证册的办理需要 3 ～ 5 个工作日，参展企业在备货时需将申请 ATA 单证册的时间考虑在内。欧洲对于包含原木的包装材料都要求出运前进行熏蒸处理，并且在外包装箱贴上熏蒸证明，否则将导致展品无法顺利清关或者被目的国海关退回原出口国。熏蒸的方法为国际通用的 HT 或者 MB 方式。参展企业最好不要使用需要熏蒸的材料作为包装材料（或者包含部分需熏蒸的材料），以避免在国外清关时不必要的麻烦。

对于展品来说，顺利清关并送至展位是最重要的，在此基础上可考虑价格等其他因素。需要特别指出的是，展览时的物流对时间的要求要比普通货物出口严格得多，如果开展时展品还没有到达展位，损失将是无法估量的。所以参展企业以正常的海运（空运）出口方式运输展品是保证展品顺利送达展位的保险方式。如果参展人员随身携带展品进入德国，一旦被海关查验到则需要补交关税，甚至没收展品、罚款等，所以建议参展人员不要采取此种方式。另外，德国海关不接受没有申报货值的任何物品，参展人员须将展品的目录、宣传页及小赠品等都以真实的货值进行如实申报，以免影响清关。有时德国展货运代理还会要求参展企业提供印有相应展品资料的目录，以便德国海关清关时使用。展品完成清关之后通常会在运输代理公司的仓库做临时仓储，然后在开展前派送至参展企业展位。

（三）展品的进场时间

德国对于展品进场时间也有着比较严格的要求，并不是所有的展品在开展前都可以进入展馆。一般来说组委会对于展品进场时间都有着明确的规定，如果是用来搭建展位用的展品，则可以提前 3 ～ 5 天送至展位，如果是用来展示的样品，则通常只能在开展前的 1 ～ 2 天才能送至展位。对于运输代理公司和参展企业来讲，只能按照组委会的规定来派送展品、布展。

（四）费用

德国的清关费用通常都在 200 欧元 / 票 / 展商左右，除此之外还有目的港港口费用、陆运至展馆费、运输代理公司展馆派送服务费等。需要指出的是，对于回运展品的运费要比去程运费稍贵，因为国外展品运输服务商需要将参展企业的展品空箱在开展前统一收集并且临时存储，在展会结束时再送至展位。这个费用在德国也是按照展品空箱的体积来收取的。

对于展品来讲，通常都有一个体积与重量的换算比，这个换算比通常是一个立方米相当于 200 ～ 300 千克（对于空运通常是一个立方米相当于 167 千克）。也就是说，对于单件展品来讲，如果是比较重的货物，超过了上述的换算比，则国外的收费是按照体积和重量二者折算后较大的数来计费。通常操作展览物流的货运公司都会在指南里特别注明此点。

关于展馆派送服务费。如果参展企业有超大或者超重的展品，需要提前与运输代理公司确认，以便安排相关的机械设备（叉车、铲车等）及人力。需要指出的是，这些服务都是需要另外收取费用的。例如，叉车使用费根据重量（2 吨、3 吨、5 吨等）的不同也不同，通常是在每小时 50 欧元至 80 欧元不等，而且最低计费标准通常为 2 个小时。欧洲的人工费是比较高的，如果碰到正常工作以外的时间或者节假日，则会加收 50% ～ 100% 的费用。对于大型机械设备，因需用到相关辅助工具（叉车、铲车等），国外展览运输服务商通常都会事先声明展品在展位的摆放为一次性到位服务，参展企业务必提供详细的展位图及展品摆放位置图，同时须在展品外包装用英文注明朝向（如"此面朝外""此面朝内"等），从而使展品摆放位置准确。如果展品一次摆放服务后需要挪动位置，则需要额外加收相关费用。

二、意大利、法国及其他欧洲国家

意大利、法国及其他欧洲国家对于展品运输的要求与德国大致相同。

1. 意大利

意大利的国际性展会主要集中在米兰，此外还有博罗尼亚、佛罗伦萨、加达等城市。展品海运目的港通常为热那亚，到达目的港的时间通常为 30 天左右。

2. 法国

法国的国际性展会主要集中在巴黎，此外还有里昂、戛纳等城市。展品海运目的港通常为勒阿弗尔，到达目的港的时间也为 30 天左右。

与德国的不同之处在于，意大利与法国人的工作节奏相对来说比较缓慢，对于时间的观念不如德国人那样认真，节假日通常不会加班工作。因而，参展企业要按照对方要求的时间节点来安排展品运输，避免延误，否则展品到达国外之后的清关、运输、派送工作都会大受影响。

另外，任何运输方式都有可能碰到不可抗力，例如，船运公司某个航次的迟开、取消，航行途中的机械故障、中转港甩箱，台风、雨雪等恶劣天气影响，甚至国外目的港的押箱，等等。所以，运输服务商在决定发货期的时候也必须将上述因素考虑在内。

相关链接

美国展会运输方式介绍

国内参展企业参加国际展览的主要目的地中，美国所占比例较大，全美的国际性展会多达几百场，其中一些国际知名的会展主要集中在拉斯维加斯、芝加哥、纽约、奥兰多、亚特兰大等城市。我国企业到美国参与展会时，展品的运输是十分重要的环节。下面就为国内参展企业介绍一下到美国参展的运输方式，为展品顺利运输提供参考。

一、时间

对于美国展览运输来讲，到达美西港口跟美东港口的海运时间通常要相差 10 天左右，比如参加美国东部城市纽约、亚特兰大等地的会展，通常海运时间为一个月左右，而参加美国西部城市拉斯维加斯、洛杉矶、旧金山等地的会展，通常海运时间只需 20 天左右。故参展企业在出运前一定要尽早备货，按照展览运输商的要求及时进仓、出运。在展品到达港口城市后通常还需要通过公路运输至参展城市，这个时间则根据具体的展会城市与港口城市的距离而定，通常为三天至一周时间。

二、进口的要求

美国海关对于进口的要求比较规范，同时也会根据不同时期的外贸情况制定不同的政策或要求。美国海关会经常根据国际局势的变化发布新的进出口要求，运输商需要及时了解并告知参展企业，一起备齐美国进口清关所需要的所有文件，以保证展品到达美国后顺利清关。另外还有一点需要特别注意：如果展品到达美国后遇到海关查验，则清关时间通常会延长一至两周。所以如果展品到港时间较迟，则可能影响展品开展前的顺利清关、布展，给参展企业参展带来损失。故无论是参展企业还是运输商，在可能的前提下，最好尽早备货出运。

三、签证

参展企业去美国参展经常还要考虑能否顺利拿到美国签证的问题，有些参展企业担心签证被拒签，所以迟迟无法确定展品的运输安排。参展企业必须明白展品的运输安排是不能等待获得签证后再确定的，否则很可能会来不及。很多参展企业往往是在开展前才获得签证，如果这个时候再安排展品的运输那么唯一的方法就是空运，这将大大增加展品运输成本。在此特别提醒参展企业一旦首选的参展人员签证被拒签，应该另有备选的参展人员及时申请签证，同时还应该按照运输商的时间要求准备参展样品。

四、展会的展品进馆、展馆内的现场服务

美国对于展会的展品进馆、展馆内的现场服务与其他国家不同。

美国工会组织规定所有的展品进馆、展馆内的现场服务（比如展品拆箱、空箱储存、租用叉车设备等）只能由展会指定的展馆承包商（Solo Drayage Contractor）来提供服务，而不能由运输商直接进馆送达展位，这实际上是一种"垄断性"的服务，对于参展企业来讲，就产生了一个所谓的"进馆费"。美国展会行业比较有名的展馆承包商有 Freeman、GES 等。所有参展企业的展品在完成海关清关之后，必须在规定的时间内由运输商送达展馆承包商的指定仓库，然后在开展前由展馆统一安排送达各个参展企业的展位。这个"进馆费"是由参展企业在展会期间直接付给展馆承包商。不同的展馆、不同的展会，"进馆费"也会有差异。有以下几点事项需要特别提醒参展企业注意，首先是"进馆费"不仅与展品重量、体积有关系，同时也与展品送达展馆承包商仓库的时间有关。展品越早送达承包商的指定仓库则进馆费越低；如果在开展前三天左右展品才清关完毕，则展馆承包商会在展馆现场接收展品并直接送达参展企业展位。但是这种情况下的"进馆费"要远比提前送达指定仓库的进馆费高。从节约成本角度考虑，参展企业应该尽早备货，提前安排出运，国外的运输商保证顺利清关并及时送达展馆承包商的指定仓库。另外如果是大件的超重展品，比如机械设备、建筑材料等，通常会有针对这些大件的"进馆费"收费标准。建议参展企业提前与展会的展馆承包商联系确认"进馆费"，甚至有可能申请到适当的"进馆费"折扣。

（五）集体运输和单独运输

1. 集体运输

如果是集体展出，则相关企业可以组织集体运输。集体运输有很多好处：一是可以节省

参展者的时间和费用；二是可以避免混乱；三是可以更有保证地将展品按时运到展地。

集体运输的步骤如图 9-11 所示。

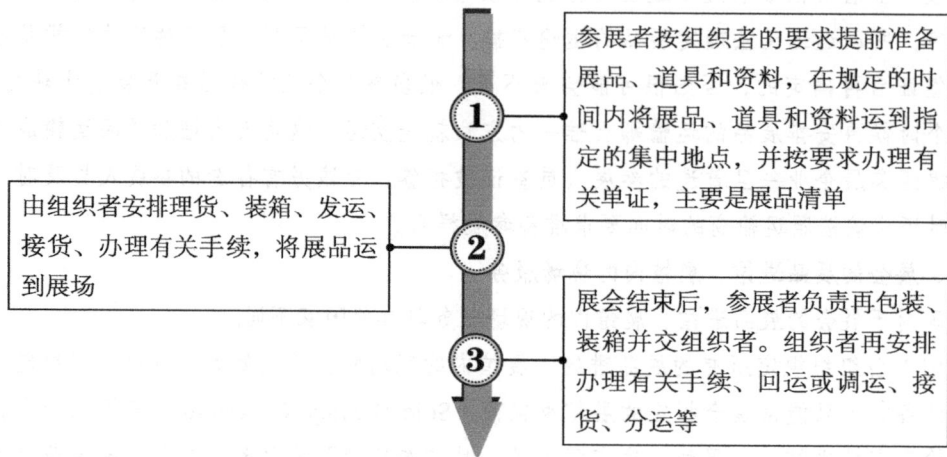

图 9-11　集体运输的步骤

集体运输要求组织者协调安排好各方面的工作，包括将有关运输安排、要求、规定用书面形式通知参展者。有关运输安排、要求、规定一般包括的事项如表 9-3 所示。

表 9-3　有关运输安排、要求、规定包括的事项

序号	事项类别	具体说明
1	运输日程	特别注意航班之间的间隔
2	运输费用标准	运输工作由组织者统一安排，但是费用一般由各参展者负担，如果有补贴，也要通知参展者
3	运输报关所需的单证文件	运输需要办理一些手续和单证，其中一些需要由参展者办理或提供基本情况，国际运输的单证尤其复杂，要详细说明保险要求
4	包装要求	明确包装材料和包装规格要求，内包装要能反复使用，外包装要能经受住长途运输
5	运输标识	包括展馆号、展台号、展品集中地点和日期、发运日期、展览会刊，海关对展品、道具等物品的规定

2. 单独运输

如果是单独展出或者集体展出却不统一安排集体运输，那么参展企业就需要自己安排运输事宜。单独安排运输的程序与统一安排运输的程序基本一致。单独运输的重要事项如下所述。

（1）尽早了解运输时间，如船期。

（2）尽早租定往返舱位。

（3）选用发运地和目的地范围内信誉好、能力强的运输代理公司。

（4）了解发运地和目的地的海关规定、手续、单证要求。

（5）认真制作清单册，按箱列明每一物品的品名、规格、价格等细节。

（6）制作回运清单册时，要准确记录相应变动。

（7）仔细包装以免破损。

（8）在箱子的至少两个侧面打印运输标识，可以使用不同颜色的笔迹，以便识别。

（9）箱子不可太大，以免搬运困难，最好使用不需要工具便可开封的箱子。

（10）避免转运，尽量安排将物品直接运到展场，接货办理人应了解装运前的一切有关情况。

（11）安排空箱存放并适时安排空箱回运。

（12）办理运输途中和展出期间的保险。

通常来说国际展会的展馆都有各自合作的展品运输服务商，几乎所有的国际展会也都有一个甚至多个指定的官方货运代理，负责国外展品到达当地后的清关、临时仓储、展位派送等服务。通常在展会开始前这些代理在展馆都有自己的办公室和临时仓库，用来临时存放展品并负责解决展品进馆等相关问题。国外运输代理公司在展品物流方面的经验、实力、与组委会及海关的关系等也是保证参展企业展品能够顺利清关并送达展位的重要因素。官方运输代理的费用往往比其他货运代理的高，但是官方运输代理提供的运输服务也更加周到安全，值得信赖。

以下提供几个相关的范本，供读者参考。

【范本】展品运输费用预算表

展品运输费用预算表

类别	项目	去程	回程	合计	总计
展品费	制作费、购买费、包装费				
	维护费（保卫、清洁）				
	保险费				
	关税				
	增值税				
	附加税				
	消费税				
	所得税				
运输费	参展企业所在地陆路运输及杂费				
	发运地仓储费				
	装货港口、机场、车站费				
	保险费				
	运输费及杂费				
	发运地港口、机场、车费				
	装卸费				
	目的地仓储费、堆存费				
	至展馆运费				
	装卸费、掏箱费				
	空箱运回费				
	空箱存放费				
	运输代理费				
	海关代理费				
其他					

【范本】运输计划表

运输计划表

负责人	
展会名称	
地点	
日期	
展出面积	
展品集中日期	
装车日期	
发运日期	
运输计划表	
抵达目的地日期	
发运港（机场、车站）	
目的港	
运输标识	

【范本】展品运输代理合同（独自运输）

展品运输代理合同（独自运输）

甲方（委托方）：××电器有限公司

甲方详细地址：

乙方（受托方）：××国际货运有限公司

乙方详细地址：

甲方决定委托乙方代理甲方将一批货物从深圳运输至德国柏林 Innotrans 轨道交通展会。双方本着优势互补、权责明确的合作原则，经友好协商达成如下协议，以便共同遵守。

第一条　合作关系

1.1　甲方委托乙方代理货物全程运输事宜。

1.2　乙方接受甲方之委托，负责代理甲方对货物进行全程监管、报关、运输等具体事宜。双方应严格履行本合同确认的服务内容、价格及条件。

第二条　双方的责任及义务

2.1　甲方的责任及义务。

2.1.1　甲方需要在双方书面约定好的文件截止时间和货物截止时间前，提交相应的文件和货物。依据不同贸易方式提供全部所需正本单证，并书面通知乙方上门提货时间或货物送达乙方指定仓库时间。

2.1.2　甲方需要保证所有经过乙方托运的货物均符合出口国及目的国的基本法律规范，并保证所发运货物不存在侵犯知识产权或商标等问题，不得夹带易燃易爆物品及国家规定禁止出口的物品。所有发运物品均需要详细和如实申报，不得私自携带未申报的物品，否则甲方自行承担可能引起的风险和额外支出，乙方只能尽全力帮助协调但不能做任何承诺。

2.1.3　甲方自行负责展品的包装，包装箱要适合长途运输、反复装卸和多次转运，必须采用坚固的材料包装，包装材料最好是免熏蒸或已熏蒸后的木质材料，装箱时须做好防潮、防震、防破损等措施。特殊提示请使用国际通用的标识和符号。

2.1.4　甲方保证按照双方确认的付款方式、计划、金额及时将相关费用支付给乙方。

2.1.5　在全程合作过程中，甲方应负责或授权乙方购买货物的各种运输保险；除了乙方之外，甲方以及保险公司可将任何第三人作为行使代为求偿权的对象。

2.1.6　负责维护乙方的形象和利益。

2.2　乙方的责任及义务。

2.2.1　负责及时办理甲方展品全程运输的必要手续，并向甲方及时反馈展品运输情况。

2.2.2　在正常的操作环境下，按照甲方的指示，将展品于指定日期之前派送至展会指定仓库。

2.2.3　乙方公司指定展出国代理派相关人员负责协调所有同展览品运输报关相关的工作。

2.2.4　乙方代理运输甲方货物期间，应尽货运代理人职责。若货物在乙方代理运输期间发生灭失、损坏、货差以及迟延交付，作为代理人，乙方承担过错责任；为了代理业务的高效操作，乙方可以就拖车、报关、报税、空运、海运等受托事项内容根据实际需要转委托，甲方不再就具体事项向乙方一一授权。

2.2.5　按甲方要求，乙方应负责完成甲方展览品在展出国的永久进口手续。

2.2.6　乙方应负责维护甲方的形象和利益。

第三条 合同费用及付款方式

3.1 全程运输费用：（工厂提货至国外展会指定仓库）。

展出国进口关税及增值税：预收 20% 到岸价，最终以展出国海关税单为准，多退少补；加收 15% 关税代垫手续费，最低 350 元人民币。

3.2 付款方式：甲方须在开船后 7 日内付清全额运输费用（包括乙方在目的港代缴的关税、增值税）。

3.3 若甲方未能在前一条款约定时间内将费用支付到乙方的账户，每逾期一天，向乙方额外支付应付款项的 3‰ 的滞纳金作为违约金；同时，乙方可以认为甲方已放弃参展活动，有权单方解除或变更合同，处理货物并要求甲方赔偿其损失。

乙方银行账户信息： 公司名：

开户行： 账号：

3.4 未尽事宜，双方协商解决，协商不成应将争议提交乙方所在地人民法院解决。

第四条 附则

4.1 本合同之附件（报价文件／展会运输指南）是本合同不可分割的组成部分，与本合同具有同等法律效力。正式签订确认后不得随意更改。未尽事宜或遇特殊情况需签补充合同时，须经双方协商签订，否则视为无效。

4.2 本合同一式两份，经双方代表签字盖章生效。甲、乙双方各执一份，具有同等法律效力。

甲方：××电器有限公司 乙方：××国际货运有限公司

代表： 代表：

签订时间：＿＿年＿月＿日 签订时间：＿＿年＿月＿日

．．

【范本】集体运输展品运输指南（一）
．．

集体运输展品运输指南（一）

尊敬的参展企业：

××外运股份有限公司特种物流事业部已被指定为本届展会的运输代理，为了参展展品的安全、准时送达，请您仔细阅读运输指南，谢谢合作！

一、通信

1. 展会主办方指定运输代理（全程货物运输服务联系人）

名 称：

地　　址：

联 系 人：

电　　话：

传　　真：

电　　邮：

2. 接货仓库：国际物流有限公司仓库

仓库地址：

联 系 人：

进仓编号：

二、展品运输注意事项

1. 展品集中日期：在＿＿年＿月＿日前，务必将展品送达至我司指定仓库。

2. 汽运送货至仓库：我司建议您采用汽车送货，因为其他运输方式有可能将不能按时运达。各参展单位必须严格遵守相关时间安排，否则将会延误您的展品发运。

3. 快递送货至仓库：请务必在运单发货人一栏或在其他显著位置填写展会及"报名单位"的名称，否则我司将难以辨别展品的归属，并可能导致您的货物延误出运。请详细标注发货人、电话、单位名称及地址、联系人。在品名中写清楚展会名称和详细品名，以便我们联络贵公司。运单上提货方请不要填写具体人名，以防止提货困难。参展企业需要详细填写该单证，否则因此造成的货物延误、损坏或丢失，我司概不负责。

4. 我司运输服务自仓库接货时起：展品进仓时向仓库出示进仓编号，仓库便会接货。

三、报关所需单证

1. 参展企业必须向 ×× 外运股份有限公司特种物流事业部提供下列单证资料：我司固定格式的装箱清单及发票（见附件 1）电子版，中英文对照。

包括：展品、宣传品、布置品、招待品、小礼品等所有与展会有关的物品，请按提供的清单格式（见附件 1）制作清单。准确齐全的清单数据，请务必在 ×× 年 ×× 月 ×× 日前，发邮件至 ×× 外运股份有限公司特种物流事业部并电话确认。

注：

a. 填制清单要认真仔细、内容完整。展板、展台等布展物品应注明以何种材料制成。英文翻译准确，要求做到单货相符，即清单上的展品内容和数量与实际包装箱内装的内容及数量要相同，以免产生不必要的麻烦和损失。

b. 清单的价格条款填报到岸价，金额以美元表示，即使是样品、目录、资料等也必须注明价值。请注意各单位申报的价值一定要合理，否则，当地海关将有可能重新估价。货物价值申报错误将导致货物在海关长期滞留，会影响货物送到参展地点的时间。

c. 箱号请务必按主办单位的要求编制，不得私自编写。由于箱号是识别展品的重要标志，请将唛头刷制清楚。另请注意箱号用分数表示，从 01 开始顺延。举例说明：如您的箱号是 ABC 共三件展品，则发运件数编写方法为 ABC01/3、ABC02/3、ABC03/3。

2. 如展品属于法定商检范畴，参展企业需将有关展品的商检证明在 ×× 年 ×× 月 ×× 日前提供给协会。

3. 为减少工作量，节省您的费用，您可以通过电子邮件将装箱清单及发票发给我司，我司鼓励您使用这种经济有效的通信手段。

四、唛头标记

所有展品外包装的三面必须刷制清晰、准确、不易脱落的唛头标记，否则由此产生的延误，本公司概不负责。

为保证展品安全，重量超过 500 千克的中大木箱，要标清国际货物运输标识，如起吊点、重心等。

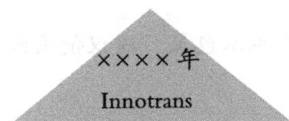

```
          ╱╲
         ╱  ╲
        ╱××××年╲
       ╱Innotrans╲
      ╱_____╲
```

Exhibitor Name（参展企业名称）：

Hall/Stand NO.：（展馆、展台号）

Case NO.：（箱号）

Gross Weight：（毛重）

Net Weight：（净重）

Measurement L×W×H：（长 × 宽 × 高，展品外包装尺寸）

五、包装

展品在长途运输过程中，需要多种运输工具多次转运装卸，并且有时要在室外存放。为确保展品安全，要求包装必须牢固结实，能够反复使用，适用于海运和展会后的重新装箱。包装箱内禁用稻草、废报纸等做包装衬垫物，此外严禁使用原木包装。因包装箱不符合要求而造成的货物损坏，我司不承担责任。

六、保险

所有展品以及与展览有关的物品，请参展企业自行安排投保。

七、注意事项

1. 展品中不得夹带烟、酒、食品、饮料、动植物及其他与展会无关的物品，否则造成的提货延误，由该单位负责所产生的一切后果。

2. 各单位填报展品包装箱尺码、重量时一定要准确。如参展展品单件包装箱尺码超过长 5 米、宽 2.2 米、高 2.2 米，或重量超过 3 吨，请在 ×× 月 ×× 日前，通知 ×× 中外运国际联运公司。视船期情况，考虑安排特种箱及杂货发运。

3. 展品清单应填写每箱内的所有展品名称。其中所列的品名、数量、件数、外包装尺寸必须与实际展品相符合。

4. 各参展单位尽量不要随身携带展品，以免产生不必要的额外费用。如随身携带且被当地海关扣留，费用自负。由此延误展出，外运公司不承担责任。

5. 出口展品，在我国海关所需的任何特殊文件，请各参展企业在 ×× 月 ×× 日之前提前准备好。

6. 纺织品、皮毛制品、鞋、长毛绒商品进入德国需配额。如参展企业不能提供配额，请不要发运此类商品。

7. 特别需要提醒参展企业的是，目前运往欧洲的货物不要使用原木包装，建议使用经过热压成型的板材或牢固纸箱。

【范本】集体运输展品运输指南（二）

集体运输展品运输指南（二）

尊敬的参展企业：

深圳 ×× 国际物流有限公司已被指定为本届展会的指定运输代理，为了贵公司展品的安全及准时送到展位，请仔细阅读本运输指南，谢谢！

一、重要信息

货物进仓编号：

单证提供日期：____年__月__日

货物入库日期：____年__月__日

本运输指南共十条和三个附件，自贵司将货物送至我司指定仓库起，视为贵司已经充分了解并接受了该运输指南的各项条款。

二、通信

1. 单证、商检、提货、送货等口岸业务，请联系国际物流有限公司（办事处）：

地　　址：

联系人：

E-mail：

2. 接货仓库名称：

地　　址：

电　　话：

联系人：

三、展品送货

1. 请直接将货物送至接货仓库（深圳 ×× 国际物流有限公司仓库）。送货时，请务必携带我司提供的入库单（请见附件），将其提供给仓库负责人，否则仓库将拒绝收货。

2. 仓库将收取入库费（视实际货物多少而定）。

3. 如货物无法直接送入仓库，需要提供提送货服务的，深圳 ×× 国际物流有限公司将收取相关提送货及仓库入库费用。

品名一栏请注明展会名称及进仓编号。

四、报关所需单证

1. 时间要求

请务必在＿＿＿年＿＿月＿＿日前将准确齐全的报关资料发送至我司 E-mail，正本请于＿＿＿年＿＿月＿＿日前送达我司。

2. 报关方式选择及所需单据

针对不同出口方式，参展单位需向深圳 ×× 国际物流有限公司提供下列单证资料，请参展企业自行选择。

（1）确定不回运的展品，其所需的单证如下所述。

a. 商业发票三份，需加盖外贸条形章或公章。

b. 装箱清单三份，需加盖外贸条形章或公章。

c. 报关委托书，加盖公章及法人章。

d. 出口报关单三份，加盖报关专用章。

e. 商检单，如需提供换单服务，电子换证凭条收取费用，即 60.00 元／单。

f. 展品申报要素。

（2）确定回运的展品，其所需的单证如下所述。

a. 装箱清单、发票一式两份。

b. 商检单。如需提供换单服务，电子换证凭条收取费用，即 60.00 元／单；电子取单凭条收取取单费，即 100.00 元 / 单。

　　c. 回运保证书，需加盖公章。

　　d. 回运运费必须在展会开幕前一周到达我司账户。

　　e. 如需我司代办商检，代办商检服务费请与我司确认。

　　f. 展品申报要素。

　　3. 装箱清单及发票要求格式见附件，正本一式二份，中英文对照。

　　（1）包括展品、宣传品、布置品、招待品、小礼品、文具等所有与展会有关的物品，请按提供的清单格式、大小（见附件）制作清单。

　　（2）展品清单即发票、装箱单，是向国内外海关报关、办理各种证明的重要单证。因此，填制清单要认真仔细、内容完整。展板、展台等布展物品应注明以何种材料制成。英文翻译准确，要求做到单货相符，即清单上的展品内容和数量与实际包装箱内装的内容及数量要相同，以免产生不必要的麻烦和损失。

　　（3）清单的价格金额为到岸价，以美元表示，即使是样品、目录、资料等也必须注明价值。请注意各单位申报的价值一定要合理，否则，当地海关将有可能重新估价。货物价值申报错误将导致货物在海关长期滞留，会影响参展货物的送达。

　　（4）箱号的编制：贵司的箱号由主办单位或我司编制发放，不得私自编写。由于箱号是识别展品的重要标志，请将唛头刷制清楚。另请注意，箱号的件数用分数"第几件 / 共几件"表示，举例说明：如发放给您的箱号是 ZA，共三件展品（发运件数），则编写方法为 ZA1/3、ZA2/3、ZA3/3。

　　为确保货物出运更加顺畅，我司强烈推荐各参展企业使用自身核销单出口报关，在不回运的前提下，贵公司使用核销单出口，将享有下述之便利。

　　a. 方便出口退税：在出口后 30 日内我司将寄还核销单，方便贵司取得出口退税。

　　b. 送货日期更宽松：核销单出口手续的办理更迅捷方便，可节省 2 日时间方便贵司备货。

　　c. 商检换单费更低：为方便贵司商检，对于核销单出口的情况，我司仅收取 60.00 元 / 票换单费。

　　d. 国内单独报关，降低风险：集体出运，单独报关，不受其他企业影响。单独报关费由深圳 ×× 国际物流有限公司承担。

　　核销单出口方式下，货物无法回运。如有回运需求之企业，不要采取上述方式。

　　无论提供核销单与否，我司均将竭诚提供专业展览物品运输服务。

　　五、唛头标记

　　1. 所有展品外包装的至少三面，必须按我司提供的格式（见附件）刷制清晰、准确、不易脱落的唛头标记，否则由此产生的延误，本公司概不负责。

2. 为保证展品安全，重量超过 500 千克的中大木箱，要标清国际货物运输标识（如起吊点、重心等）。

六、包装

1. 展品在长途运输过程中，需要多种运输工具多次转运、点货、装卸等，并且有时要在室外存放。为确保展品安全，要求包装必须牢固结实、能够反复使用，适用于空运和展会后的重新装箱。

2. 包装箱内禁用稻草、废报纸等做包装衬垫物。易碎品必须在外包装箱上标有明显标识。

3. 如展品需要木质包装，尽量不要使用木质、人造板制托盘。

4. 如使用原木包装的，请提供熏蒸证明。没有熏蒸证明的，我司将在深圳办理熏蒸手续，由此产生的相关费用由贵司承担。

5. 严禁使用带树皮或虫眼的原木作为展品包装材料，否则货物将在对方口岸被查扣。

6. 对于由于货物包装不当所引起的货物损坏，或由于海关查验等原因引起的货物损坏，我司不承担相关责任。

7. 我司运输过程中仅对外包装箱完整负责，内部包装由参展企业自行负责。在外包装箱完整内装货物受损的情况下，我司应免责。

七、注意事项

1. 有以下情形者，如被对方海关或其他有关部门查验，将导致整个集装箱的货物被扣甚至罚没，并将导致高额罚款。同时，参展单位将被列入目的国海关黑名单，对其公司的进出口业务将造成恶劣的影响。

（1）包装箱内所装货物与申报的发票、箱单不符。

（2）产品上没有中国制造（MADE IN CHINA）字样，注意是产品上而不是包装箱上。

（3）产品产地显示为其他地区制造的字样，后果更为严重。

（4）产品侵犯知识产权，包括样本中所显示的产品。

（5）其他不符合当地法律和民族习惯的情形。

（6）易燃品、危险品（如打火机）、食品、饮料、药品、保健品，与人身安全有关的货物，以及与展览无关的个人用品，均为禁止运输的货物。

2. 对于由于包括以上原因在内的参展企业自身原因所导致的展品无法正常上展台，我司不承担任何责任，同时保留向有问题企业追索相关损失的权利。

3. 请注意我司计费体积是以货物的外包装外径为准。

八、展品回运流程介绍

1. 请认真填写展品申报清单，即发票、装箱单中的展品是否回运一栏。我司将根据参展企业的申报来确定具体的报关方式。

2. 展品在当地销售、赠送或放弃的货物都需要交纳关税。

3. 没有提前申报回运的货物，因在出运时未在报关单上特别注明，会造成货物可能在我国海关无法清关。我司有可能拒绝安排回运。

4. 参展企业应提供准确的回运货物清单，并在清单上签字确认。回运货物也要做到单货相符，否则由此引起的无法报关，由参展企业自行承担责任。

5. 由于展会闭幕时现场秩序非常混乱，无人看管的货物非常容易丢失。根据展会主办方以及展馆的规定，我司现场代理只能等到闭幕以后才能安排工人进馆收货。我司代理或我司现场工作人员只有在以下两种情况下为参展企业办理签收。

（1）代理或我司现场工作人员会尽快前往摊位将货物收走并同时办理签收，但由于我司要逐一签收，所以签收时间可能很晚，望您安排好行程，耐心等待。这是保证展品安全的最稳妥方法。

（2）参展企业想尽早离开展馆，可自行想办法将回运货物送至我司指定摊位，我司会办理签收并派专人看管。

6. 对于参展企业通知我司代理或现场工作人员货物需回运，但无法通过以上两种方式签收的，我司也将尽早将货物收走，但不承担收货之前的丢失风险。

7. 对于回运费用高于货物申报价值的，我司有权要求托运方在现场支付全部运费或差额部分。

九、不可抗力条款

由于地震、台风等自然灾害及罢工、政变、战争、燃油危机等人为灾害或海损等造成本运输行为无法执行时，我司将在得到确切消息后，及时通知各主办单位或参展企业采取补救措施，但对其后果应得以免责，也不承担采取补救措施所产生的费用和风险。

十、附件

请注意，附件的一个 Excel 文档中包括以下三个文件。

1. 进出境申报用装箱清单及发票。

2. 唛头。

3. 货物入库单。

第三节　去程运输

去程运输是指展品自参展企业所在地至展台之间的运输，一个比较完整的集体安排的去程运输过程可以大致分为展品集中、装车、长途运输、交接、接运、掏箱、开箱七个阶段。

一、展品集中

展品集中是集体展出、统一安排运输的特有环节。参展企业将各自的展品、道具运到指定的集中地点。组展单位首先要安排一个合理的展品集中日期。合理是指考虑到参展企业准备展品的时间和运输所需的时间而决定的日期。展品集中后，由集体展出的组织者或受委托的人员进行理货，根据展品量安排运输箱及运输事宜。最后将展品拼装装入运输箱内。

二、装车

装车指在展品集中地将运输箱装上卡车，运往港口、机场或车站。装车日期与下一程的长途发运日期应衔接好。装车要做好现场记录、核对箱数、监督装车、办理手续。发车后立即通知装货港口、机场或车站的运输代理准备接货。

三、长途运输

长途运输是运输的中心环节，包括水运（海运和内陆水运）、空运和陆运（火车运输和卡车运输），还可能包括中途的转运。其中，海运手续最为复杂，卡车运输可能最为简单。

（一）海运

办理海运时要提前向运输公司订舱。使用"出口货物装船订舱委托书"，注明总体积、总重量、最重件重量、装卸口岸、要求到达目的港日期。舱位订妥后，立即填写"出口货物装船订舱委托书"连同有关单证交给运输公司在装卸港的分公司或办事处。

组展单位使用海运时，需要注意以下三项。

（1）装船时，组展单位要根据情况决定是否监督。在有特殊箱件或遇到装卸设备、技术差的港口时，应予以监督，防止出现意外或差错。装船后取得提单并交收货人。船启程后，将装船通知发送给接运方。

（2）船发运后，要跟踪船舶航行情况，一旦发现延误立即催运。情况比较严重时，与运输公司协商采取紧急措施以确保运期，但要查清原因和责任，以便合理解决增加的额外费用。

（3）如果运输路途遥远，可能需要转船，这就需要安排二程甚至三程船。如遇必须转船的情况，更要跟踪注意运输途中的情况，遇到问题立即解决。

（二）铁路运输

如果是铁路运输，要估计车种和车数，提前向铁路部门办理用车手续，并于发运前向装车站提出装车安排，填写"货物运单"，同时办理公路托运手续。

（三）卡车运输

如果是卡车运输，最好安排从展品集中地到展馆的门到门直接运输，由三段合并成一段运输，可省去多次装卸环节。

（四）空运

如果是空运，需要多提前一些时间订舱，尤其是使用空运压力大的航线以及航班非常少的航线。办理空运需填写"国际货物托运书"。

四、交接

安排运输的人员可能不参加展会，因此要将有关情况交代给指定的展台人员。由于运输环节较多，因此要交代仔细。

五、接运

接运是指在目的地接收展品，办理有关手续，并将展品安排运到展馆。

展品发运后，应委托或派人在目的地接运。要了解展品到达情况，如有延误，立即采取措施，与运输公司、运输代理、港务局、展会组织者等有关单位联系，商量办法，争取提前靠港卸货并尽快运到展场。此外，也要了解装卸设备、办事效率、手续环节等情况，提前做好卸货及运抵展场的安排。

> 如果展品提前运抵，应安排提前运进展场所在地或附近，避免多次装卸，争取少付或不付存储费用。如果需要存储，避免存放在港口仓库，因为港口或车站仓库一般收费很高。

展品运到后，相关人员应根据各地实际情况，办理展品进口手续和提货手续，安排货物检验，了解展品处理手续和有关税率，办理免税手续等事宜，然后安排展品运抵展场。

六、掏箱

掏箱是指将展品箱从运输箱中掏出或卸下并搬运到指定的展台位置。组展单位可以委托运输代理安排，也可以安排展台人员负责。如果委托运输代理安排，展台人员也应予以协助。要事先安排好掏箱时间、设备和工人，并考虑开箱、走动、搬运、布置等工作，确定道具、展品箱卸放位置、地点。

组展单位要监督掏箱，以保证掏箱工作准确、有序。掏箱过程中，相关人员应将所使用的人工数、工时、设备等情况和时间记录在案，一式两份，双方签字，一方一份，以备结算。

七、开箱

开箱是指开展品箱。开箱工作一般由展台人员负责，特殊展品可以安排专业人员开箱。开箱次序要根据展台布置进度和展场情况事先安排好，道具箱先开，其次开大件展品箱，贵重物品和小件物品箱后开。

施工期间展场混乱，要注意防盗。开箱前要注意箱件是否完整，是否有被盗痕迹。若是运输途中被盗，应及时联系海关出具证明。

开箱时，组展单位与参展企业应该进行清点、核对。展品完整无缺，皆大欢喜。不过，也可能出现问题，具体如表9-4所示。

表9-4　开箱后可能出现的问题

序号	问题类别	具体说明
1	点缺	第一次开箱清点时发现短少，而包装完整（非盗窃），属装箱时漏装或少装，应填写有关证明或另编点缺品清册
2	点多	第一次开箱清点时发现多装的情况
3	遗失	途中遗失和展出期间遗失
4	损坏	包装不善、运输不善、装卸不善，包括野蛮装卸、布置和展出期间事故造成的展品损坏。若展品有损坏，应填写受损证明，即"受损报告书"

拆箱时要考虑包装箱的再使用情况，注意保护好包装箱，不要遗漏任何东西。空箱要注明公司名称、展台号、编号及"空箱"字样。空箱由运输代理运到仓库保存。空箱要保存好，在闭幕前，运输负责人要估计空箱再使用情况，并与运输公司安排空箱在闭幕时运回展台，仍用于包装展品，或者回运，或者赠送。

下面，提供几份不同的关于货物运输的范本，供读者参考。

[范本] 进出境物品申报用装箱单及发票

进出境物品申报用装箱单及发票

Packing List & Invoice
（进出境物品申报用装箱单及发票）

Transport by : Sea
（运输方式：海运）

Name of the exhibitor：
[参展单位（企业）：]

Hall No.（展厅号：） Stand No.（展台号：） Page No.（第 页）

Case No.（箱号）	Length × Width × Height（长×宽×高，cm）	Weight(kg) [重量（千克）]		Description of Goods（货物描述）		Type（型号）	H.S No.（商品编号）	Quantity（数量）	CIF Value (USD)（到岸价）		Remarks（备注） Sold（出售） To be returned（回返） Abandoned/consumed（放弃/消耗） Given away（赠送）
		Gross（毛重）	Net（净重）	In English（英文）	In Chinese（中文）				Unit（单价）	Total（合计）	

海关记事
（Customs Remarks）

海关签章
（The Customs Endorsement）

(Organization)Applicant
[申请单位（企业）]

Applicant Signature
（负责人签字）

Date of Applicant
（申请日期）

【范本】出口货物装船订舱委托书

出口货物装船订舱委托书

编号：   日期：

发货人 （Shipper）		合同号 （Contract No.）	
		信用证号 （L/C No.）	
		开证日期 （Issuing date of L/C）	
收货人 （Consignee）		信用证有效期 （Validity of Credit）	
		装运港 （Port of Loading）	
		目的港 （Port of Discharge）	
通知人 （Notify Party）		转船运输 （Transshipment allowed）	
		分批装运 （Partial shipments allowed）	
		装船期限 （Last Date of Shipment）	
开证行名称 （Issuing Bank）		装船日期 （Date of Shipment）	
货物价值 （Value of Goods）		成交条件 （Term of Price）	
		运费 （Freight）	
		提单（B/L）	正本（Original）	

（续）

唛头 （Marks and Numbers）	货物描述及其数量 （Description of goods and Quantity）	包装 （Package）	重量体积 （Weight/Measurement）
特别条款 （Special Terms）	（1）请预定××月××日船，提前通知我们装箱日期，将提单提前传真给我公司预审，正本×份，副本×份 （2）提单要显示：开证行名称、开证日期、信用证号 （3）提单必须是清洁的全套海运提单 （4）其他特殊要求按照 L/C 和其他相关单据办理		

【范本】国际货物托运书

国际货物托运书
（Shipper's letter of instruction）

货运单号码

（No. of air waybill）

始发站 （Airport of departure）	到达站 （Airport of destination）	供承运人用 （For carrier use only）	
		航班／日期 （Flight/date）	航班／日期 （Flight/date）
线路及到达站 （Routing and destination）			
至 （To:）	第一承运人 （First carrier） 至 至 至 至 至 至 (To:)(To:)(To:)(To:)(To:)(To:)	已预留吨位 （Booked）	
收货人账号 （Consignee's account number）	收货人账号 （Consignee's account number）	唛头： （Marks）	
另请通知 （Also notify）			
托运人账号 （Shipper's account number）	托运人姓名及地址 （Shipper's name and address）		

（续）

托运人声明的价值 （Shipper's declared value）		保险金额 （Amount of insurance）		所附文件 （Document accompany to air waybill）	
供运输用 （For carriage）	供海关用 （For customs）				
件数 （No. of packages）	实际毛重（千克） ［Actual gross weight(kg)］	运价类别 （Rate class）	收费重量 （Chargeable weight）	费率 （Rate/ charge）	货物品名及数量（包括体积或尺寸） ［Nature and quantity of goods (incl. dimensions or volume)］

在货物不能交收货人时，托运人指示处理方法 （Shipper's instruction in case of inability to deliver shipment as consigned）
处理情况（包括包装方式、货物标识及号码等） ［Handling information(incl. Method of packing, marks and numbers etc.)］
托运人证实以上所填全部属实并愿意遵守承运人的一切载运章程 （The shipper certifies that the particular on the face hereof are correct and agree to the conditions of carriage of the carrier.）

托运人签字 （Shipper's signature）	日期 （Date）	经手人 （Agent）

【范本】受损报告书

受损报告书

日期：

保险凭证号码	
保险金额	
运输工具名称	
航程	
起运日期	
受损日期	

（续）

损失情况	
施救整理情况	
索赔金额	
备注	

负责人：_____ 填报人：_____

第四节　回程运输

回程运输是指将展品自展台运回至参展企业所在地的运输工作，简称"回运"。对于安排统一运输的集体展出组织者而言，将展品自展台运至原展品集中地的运输称作"回运"；将展品自展品集中地分别回运给参展者所在地的运输称作"分运"；而将展品运至下一个展地，传统上称作"调运"。

一、回运

回运与去程运输基本相同，只是运输方向相反。此外，除了包装、装箱、装车要抓紧时间外，其他时间要求一般不高。

（一）回运筹备工作

回运筹备工作在展出期间就应该着手。闭幕前制作出回运的展品清单，估计回运箱件情况和回运日期，然后订舱，且委托运输代理安排在闭幕时将空箱运回展馆并安排装箱和装车。展会闭幕前，若有展品需要处理，相关人员要请海关人员及运输代理到展台办理有关手续。

（二）回运展品包装

回运展品需要再包装，对易碎品要格外小心，尽量使用原包装箱盒。注意重新标注运输标识。国际运输中，货物运输严禁夹带个人物品。展品若有任何损坏，要做记录、拍照，填写有关证书并通知保险公司。

（三）回运展品装车

如果安排紧凑，展品包装、装箱完毕后就应装车。装车时仍需做记录并请运输代理签字或开具收条以示接手货物，划分责任界限。如果展台人员先于装车离开展场，必须将未处理完毕的业务，包括装车委托给运输代理。此外要用书面委托，并要求代理开具收到展品箱的书面确认，以明确责任划分，不能口头通知运输代理就离开现场。

> 回运展品发运后，运输工作并未结束，还需办理结关、付费以及交接等工作。

二、分运

展品回运到原先的展品集中地后，由集体展出的组织者或委托的运输代理将展品箱再分别还给参展企业。分运工作也需要认真对待，如果不是原运输负责人做，更需要做好工作交接。展品发运后，要及时通知参展者接货。清点、装车、发运等工作都要有记录存档，以备将来查询。

三、调运

调运也称作转运或调拨，有关安排和手续与去程运输相似。如果紧接着有一个展会，展品自然需要调运到新展地。如果下一个展会日期还比较遥远，则会产生回运还是调运的问题，需要权衡工作需要，比较运费、仓储费以及占用流动资金等情况再做决定。如果是国际调运，可能会涉及比较复杂的海关手续。

相关链接

展品运输中的常见问题

展品运输，尤其是国际展览运输是一项需要重视并认真做好的工作。运输不当，可能出现展品未运到、途中损坏、丢失等情况，会导致很严重的后果。

（1）全部或部分展品、道具未及时运到。在展会上，有时可以看到如此"可怜的"情景：展台空无一物，展台人员一脸尴尬，不知所措。原因很可能是展品还在运输途中，或者在运输途中损坏、丢失，或者还在海关仓库里，海关手续未办完等。这些都是运输工作失误所致（人力不可抗拒的情况除外）。

（2）展品因包装不好而破损。尺寸、重量不合适，会给运输、装卸带来麻烦并可能导致额外费用（做特殊安排）以及延误时间。

（3）缺少单证，如产地证、检疫证等，可能会导致额外费用甚至导致扣货、付款等麻烦和损失；未随身将单证携带齐全，导致有关手续办理延误；运输标记不明确，造成运输延误；拆箱野蛮，造成包装箱破损，回运时再使用困难；包装箱储存不善导致丢失等。